Bernd Flessner
Sagenhafte Helden

Bernd Flessner

Sagenhafte Helden

Entdecker, Revolutionäre,
Freiheitskämpfer und andere Helden

Inhaltsverzeichnis

Stark, schlau
und unbesiegbar

Helden der griechischen Mythologie

Griechenland vor etwa 3300 Jahren

„**D**ie Hydra ist wahrhaftig ein gigantisches Ungeheuer, Herakles. Sieh nur, wie die Augen ihrer neun Köpfe blitzen und wie sie fauchend und züngelnd auf uns zukommt."

„Ich werde sie mit meiner Keule erschlagen."

„Es hat keinen Sinn. Sobald du einen Kopf abgeschlagen hast, wachsen gleich zwei nach."

„Beim Zeus, du hast recht.

So werden wir sie nie besiegen. Entfache schnell ein Feuer. Wir werden die Wunden ausbrennen."

„Sieh nur, Herakles, das Feuer zeigt Wirkung. Die Köpfe wachsen nicht mehr nach!"

„Jetzt werden wir die Hydra besiegen! Ihre Macht ist gebrochen, ihr Schrecken hat ein Ende!"

Herakles und Iolaos besiegen die neunköpfige Wasserschlange Hydra.

An einem warmen Sommerabend vor mehr als 2800 Jahren erscheint ein Fremder bei einigen griechischen Schäfern. Sie begrüßen ihn voller Freude, denn der Unbekannte ist ein **Aöde**. Als es dunkel ist und das Feuer knisternd brennt, steht der Aöde auf, schaut allen Schäfern nacheinander tief in die Augen und trägt mit gedämpfter Stimme seine erste Geschichte vor, die von einem Helden und seinen großen Taten handelt. Und genau diese Geschichten wollen die Schäfer hören. Spannende Erzählungen von außergewöhnlichen Menschen, die den Göttern nahe sind und fast so schlau und stark wie diese.

> **Wissen** *spezial*
>
> **Was macht ein Aöde?**
> Aöden waren wandernde Dichter und Sänger. Für eine Unterkunft, eine Mahlzeit und ein paar Münzen unterhielten sie die Menschen mit ihren Geschichten, die sie meist singend vortrugen. Ihren Gesang begleiteten sie mit der Lyra.

Der antike Superman

Der Lieblingsheld der Schäfer ist Herakles. Vor allem gefällt ihnen sein Kampf mit der Hydra, einer neunköpfigen Wasserschlange, die immer wieder aus einem Sumpfgebiet ins Umland kriecht, um dort Schafe zu verschlingen und Dörfer zu verwüsten. Der bärenstarke Herakles erhält von König Eurystheus von Mykene den Auftrag, das Ungeheuer zu töten. Zusammen mit seinem Neffen Iolaos macht er sich auf zu der Höhle bei den Sümpfen des Flusses Lerna, wo das Untier haust. Herakles schlägt ihm mutig einen Kopf nach dem anderen ab. Doch aus jeder Wunde wachsen blitzschnell zwei neue Köpfe. Zu allem Übel taucht ausgerechnet in diesem Augenblick auch noch ein riesiger Krebs aus dem Sumpf auf und schnappt mit seinen Scheren nach ihm. Herkules aber lässt sich nicht einschüchtern. Er zertritt den Panzer des

Ungeheuer mit vielen Köpfen: die Hydra

Herakles beweist
heldenhaften Mut
(Filmszene).

Krebses und drückt anschließend mit Iolaos' Hilfe zwei
große Fackeln in die Wunden der Hydra, sodass die Köpfe nicht mehr nachwachsen.

Halbgott mit Muskeln und Köpfchen

Herakles ist ein Sohn des Zeus, des obersten Gottes der
Griechen. Seine Mutter ist Alkmene, die Frau des Königs
von Theben. Schon als Baby besitzt Herakles übermensch-
liche Kräfte. Als Hera, die Gattin des Zeus, aus Eifersucht
über den Seitensprung ihres Mannes mit Alkmene dem
Säugling zwei Schlangen in die Wiege schickt, die ihn töten
sollen, erwürgt er die Tiere. Im Auftrag des Königs Eurystheus von Mykene vollbringt Herakles viele Heldentaten.
Er tötet den Nemeischen Löwen, ein bösartiges und unver-
wundbares Raubtier, das er mithilfe seiner enormen Kör-
perkräfte erwürgt. Aus dem Fell macht er sich einen

Umhang, der ihn unverwundbar macht. Nachdem er der neunköpfigen Hydra den Garaus gemacht hat, fängt er die Kerynithische Hirschkuh mit dem goldenen Geweih und erjagt den gefürchteten Erymanthischen Eber, der bereits viele Dörfer verwüstet hat. Danach soll er den riesigen Stall des Königs Augias ausmisten, in dem mehrere Tausend Rinder stehen. Da der Stall seit mehr als 30 Jahren nicht mehr ausgemistet worden ist, gilt die Aufgabe als unlösbar. Doch Herakles ersinnt eine List: An dem Stall führen zwei Flüsse vorbei. In Windeseile gräbt er zwei Kanäle und leitet das Wasser durch den Stall, damit es den Mist fortschwemmt.

Eine antike griechische Vase zeigt den Kampf gegen die Hydra.

Insgesamt zwölf scheinbar unlösbare Aufgaben löst Herakles mit Schlauheit und seinen enormen Kräften für Eurystheus. Seine Taten sind so beeindruckend, dass sie nicht nur Zeus, sondern auch den anderen Göttern des Olymps gefallen. Nach seinem Tod verleihen die Götter

Der Lindwurmbrunnen in Klagenfurt erinnert an Herakles' Heldentaten.

Herakles daher Unsterblichkeit und holen ihn zu sich in den **Olymp**. Der superstarke Halbgott begeisterte aber nicht nur die alten Griechen, sondern war in der Antike auch bei den Römern unter dem Namen Herkules sehr beliebt und wurde von ihnen als Gott verehrt. Er ist einer der wichtigsten Helden der antiken **Mythen** und gilt als griechischer Nationalheld. Noch heute steht sein Name sinnbildlich für Stärke, Größe und Unbesiegbarkeit.

Die Taten des listigen Odysseus

Noch von einem anderen Helden kann der Aöde an dem lauen Sommerabend erzählen. Odysseus, der König der kleinen Insel Ithaka, ist ein erfahrener und schlauer Krieger. Als sein Freund Agamemnon ihn bittet, ihm bei der Eroberung der feindlichen Stadt Troja zu helfen, willigt

Thema   **Zeus und die Götter des Olymp**

Die Griechen der Antike, also etwa zwischen 1200 und 200 v. Chr., glaubten, dass ihr Schicksal von den Göttern bestimmt wird. Wohnsitz der Götter war der Berg Olymp. Als mächtigsten Gott und Vater aller Götter

und Menschen verehrten sie Zeus. Seine Frau Hera war die Göttin der Familie. Poseidon war der Gott der Meere, Athene die Göttin der Weisheit, Aphrodite die Göttin der Liebe. Die übrigen Götter waren Demeter, Apollon, Artemis, Ares, Hermes, Hephaistos und Hestia.

Die Griechen versteckten sich im Bauch eines riesigen Pferdes aus Holz, um Troja zu erobern.

Odysseus sofort ein. Doch Troja ist von riesigen Mauern umgeben und wird von starken Kriegern verteidigt. Zehn Jahre lang kämpfen Agamemnon und Odysseus vergeblich. Da denkt sich Odysseus eine List aus. Vor den Toren Trojas lässt er ein riesiges Pferd aus Holz bauen. Dann räumen die Griechen ihr Feldlager und stechen mit ihren Schiffen in See. Die Trojaner glauben, die Griechen hätten aufgegeben, und sehen in dem Pferd ein Abschiedsgeschenk. Voller Freude schleppen sie es in die Stadt. Sie ahnen jedoch nicht, dass sich Odysseus mit seinen Kriegern im hohlen Bauch des Pferdes versteckt hat. In der folgenden Nacht schleichen er und seine Freunde aus dem Versteck und öffnen die Stadttore, durch die nun die heimlich zurückgekehrten Griechen hinausstürmen und Troja erobern.

Die Helden im Trojanischen Krieg kämpften Mann gegen Mann (Filmszene).

Nach diesem Sieg macht sich Odysseus auf den Heimweg. Doch die Götter lassen ihn zehn Jahre mit seinem Schiff über das Meer irren und noch viele weitere Abenteuer bestehen. In einem davon überlistet er den einäugigen Menschenfresser Polyphem, der ihn und seine Gefährten auf der Suche nach Proviant in seiner Höhle ertappt. Schnaufend vor Wut sperrt der furchterregende Zyklop die Seefahrer ein. Wie kann Odysseus Polyphem besiegen und aus der Höhle entkommen? Viel Zeit bleibt nicht, denn der Riese frisst einen seiner Gefährten nach dem anderen. Odysseus versucht, mit dem Zyklopen zu verhandeln, doch der will nur seinen Namen wissen. Listig antwortet Odysseus: „Niemand!" Was hat Odysseus im Sinn? Als Polyphem schläft, stoßen ihm die Griechen einen glühenden Pfahl in sein Auge. Voller Schmerz springt Polyphem auf und ruft die anderen Zyklopen der In-

Wissen spezial

Was sind Epen?
Epen sind längere Erzählungen in Versform. Sie wurden anfangs mündlich weitergegeben und erst später aufgeschrieben. Das älteste überlieferte Epos ist das Gilgameschepos aus dem 2. Jahrtausend v. Chr.

sel um Hilfe. Als sie ihn fragen, was ihm zugestoßen sei, brüllt er in die Nacht: „Niemand hat mich geblendet!" Kopfschüttelnd kehren die Zyklopen daraufhin in ihre Höhlen zurück und Odysseus und seine Gefährte können entkommen.

Die Geschichten, die die Aöden über Odysseus erzählen, sind uralt. Ob es die Helden wirklich gegeben hat oder wer als Vorbild für sie gedient haben könnte, lässt sich heute nicht mehr rekonstruieren. Da die Geschichten mündlich weitergegeben werden, verändern sie sich im Lauf der Zeit. Oft erfinden die Dichter Neues oder fassen Abenteuer verschiedener Vorbilder zu einer Heldengeschichte zusammen. Auf diese Weise entstehen auch die Geschichten über Odysseus. Der Dichter Homer schreibt im 8. Jahrhundert v. Chr. die Abenteuer des Odysseus als Erster auf. Seine **Epen** „Ilias" und „Odyssee" berichten über den Trojanischen Krieg und Odysseus' zehnjährige Irrfahrt.

Der Tod der Penthesilea

Die letzte Geschichte des Aöden handelt von einer Heldin. Penthesilea ist die Königin der Amazonen. Sie ist bildschön und eine mutige Kriegerin. Als die Trojaner sie um Hilfe bitten, reitet sie mit zwölf Gefährtinnen los, um gegen Agamemnon und die Griechen zu kämpfen. Mit Pfeil und Bogen und ihrem Schwert besiegt sie viele starke Männer, bevor sie von Achilles, einem der besten Krieger der Griechen, tödlich verwundet wird. Als er der sterbenden Amazone den Helm abnimmt, verliebt er sich in sie. Doch später wird auch Achilles im Kampf getötet. Fast allen griechischen Helden ergeht es so. Nur wenige, wie etwa Odysseus, überleben und werden alt.

Penthesileas Schicksal ist heute häufig auf der Bühne zu sehen.

Mit Mut und Gottes Hilfe

Moses rettet das Volk Israel

Vor mehr als 3000 Jahren in Ägypten

„Der Pharao ist uns tatsächlich mit seiner gesamten Streitmacht gefolgt. Das müssen Hunderte von Streitwagen sein. Die Staubwolke reicht bis an den Horizont. Ein solches Heer vermag niemand zu schlagen. Doch ich weiß, was zu tun ist. Ich werde meinen Stab und meine Hand erheben und mithilfe des Herrn das Meer teilen. Schon beginnt der Ostwind, die Wellen auseinanderzutreiben.

Welch ein erhabenes Schauspiel! Das Wasser teilt sich und gibt einen passierbaren Weg frei. Rechts und links davon türmen sich Mauern aus Wasser auf. So wird mein Volk trockenen Fußes das Gelobte Land erreichen. Den Pharao und seine Streitmacht aber brauchen wir nicht mehr zu fürchten. Denn sollte er uns folgen, werden die Mauern aus Wasser einstürzen und alle Ägypter unter sich begraben."

Moses teilt das Rote Meer.

Moses wird in Ägypten geboren. Seine Eltern sind jedoch Israeliten, die einst nach Ägypten kamen und nun gezwungen werden als Sklaven in Ägypten zu arbeiten. Als Moses zur Welt kommt, hat der Pharao gerade den Befehl erteilt, alle männlichen Säuglinge der Israeliten zu töten, damit das Volk nicht weiter wachse. Moses' Mutter will ihr Kind retten und setzt das Neugeborene in einem Weidenkorb auf dem Nil aus. Die junge Tochter des Pharaos findet das weinende Baby und beschließt, es aufzuziehen.

Moses teilt die Wasser des Roten Meeres und rettet damit sein Volk.

Flucht in das Gelobte Land

Als Moses erwachsen wird, erkennt er, dass er kein Ägypter ist, sondern Israelit. Auch sieht er, wie sein Volk in Ägypten unterdrückt wird. Eines Tages, als er die Schafe am Berg Horeb hütet, entdeckt er etwas Seltsames: einen Dornbusch, der lichterloh brennt, ohne jedoch zu verbrennen. Neugie-

Wissen *spezial*

Wo liegt Kanaan?
Kanaan ist eine alte Bezeich-
nung für eine Region, die
Palästina und Teile des Liba-
non und Syriens umfasst. In
der Bibel heißt es auch das
„Land, darin Milch und
Honig fließen".

rig nähert er sich den Flammen, aus denen plötzlich eine Stimme zu ihm spricht, die sich als der Gott seiner Väter vorstellt. Die Stimme erteilt Moses den Auftrag, sein Volk aus Ägypten in das Gelobte Land, nach **Kanaan**, zu führen. Moses zweifelt zunächst an dem Auftrag, willigt dann aber entschlossen ein.

Der Pharao aber will die Israeliten nicht gehen lassen. Da schickt Gott den Ägyptern **zehn Plagen**. Nach jeder Plage erscheint Moses beim Pharao und wiederholt seine Forderung, endlich aufbrechen zu dürfen. Erst nach der letzten Plage gibt der Pharao nach. Doch die Israeliten sind noch lange nicht in Sicherheit. Kaum sind sie aufgebrochen, bereut der Pharao seine Entscheidung und folgt den Flüchtenden mit seinem Heer. Die Israeliten packt eine fürchterliche Angst. Denn zwischen Kanaan und der Wüste Ägyptens liegt das Rote Meer. Ein scheinbar

Thema   **Die zehn Plagen der Bibel**

*D*ie *Bibel berichtet von zehn Plagen, die Gott den Ägyptern schickte. Zuerst wird das Wasser des Nils zu Blut. Dann verbreiten sich Frösche im ganzen Land. Nach einer Stechmückenplage quält Ungeziefer Mensch*

und Tier. Dann tötet die Pest alle Haustiere vom Kamel bis zum Schaf. Geschwüre befallen alle Lebewesen. Hagel tötet Menschen und Vieh und zerstört die Ernte. Heuschrecken fressen alles kahl. Nach einer dreitägigen Finsternis sterben alle Erstgeborenen von Mensch und Tier.

Hilflos versinken die
Ägypter im Roten Meer.

unüberwindliches Hindernis. Doch Moses beschwört die Menschen, sich auf Gottes Wort zu verlassen, und offenbart ihnen einen fantastischen Fluchtweg. Mit Gottes Hilfe teilt er das Wasser des Roten Meeres, sodass es die Israeliten trockenen Fußes passieren können. Als sie sicher am anderen Ufer angekommen sind, brechen die Wassermassen tosend hinter ihnen zusammen und begraben die ägyptischen Verfolger unter sich.

Geschichten eines auserwählten Volkes

Moses ist der bekannteste Held des Alten Testaments und der jüdischen **Thora**. Ob er tatsächlich gelebt hat, konnten Forscher bislang nicht klären. Sehr wahrscheinlich hat der Befreier der Israeliten aber mehrere historische Vorbilder, deren Spuren sich allerdings im Dunkel der Geschichte verlieren. Um ihre sagenhaften Taten und Erlebnisse beginnen sich schon vor mehr als 2500 Jahren Geschichten zu spinnen, die Priester sammeln und von Generation zu Generation weitererzählen. Dabei verändern sich die Geschichten, Einzelheiten werden hinzugefügt, unwichtigere Details weggelassen. Zwischen 1000 und 200 v. Chr. schließlich werden die Geschichten aufgeschrieben. Noch heute können wir sie in der Bibel lesen. Aber was wollen die Priester den Menschen mit diesen Geschichten sagen? Bevor Judentum und Christentum entstanden, glaubten die Menschen an viele Götter. Die Thora und das Alte Testament berichten jedoch, dass Gott mit Abraham, einem der Vorfahren von Moses, einen Vertrag geschlossen hat, fortan nur noch an einen einzigen Gott zu glauben. Von diesem Gott und dem von ihm auserwählten Volk Israel erzählen die Geschichten. Sie sind eine Art Chronik dieses Volkes, sollen aber auch die Menschen vom Glauben an diesen einen Gott überzeugen.

König David galt als weiser Herrscher.

Ein Hirtenjunge besiegt einen Riesen

Noch ein anderer Held im Alten Testament rettet sein Volk. Sein Name ist David. Seine Geschichte spielt jedoch einige Hundert Jahre später, als die Israeliten bereits die Königreiche Israel und Juda gegründet haben. Regiert werden beide Reiche von dem israelitischen König Saul. Saul ist jedoch in einer schwierigen Lage, denn er muss das Land gegen die Philister verteidigen. Auf einem nahe gelegenen Hügel lagert das feindliche Heer mit vielen starken Kriegern, Bogenschützen und Streitwagen. Der größte Krieger ist Goliath, ein wahrer Riese. Er nähert sich immer wieder Sauls Heer-

David schlägt Goliath
den Kopf ab.

lager und verhöhnt die Juden und ihren Gott. Statt einer
Schlacht fordert er einen Zweikampf. Doch König Saul
weiß, dass keiner seiner Soldaten den Kampf wagen wird,
denn Goliath gilt als unbesiegbar.

Da trifft der Hirtenjunge David im Feldlager
der Israeliten ein. Als er miterlebt, wie Goliath sein
Volk und seinen Glauben verspottet, bittet er Saul,
gegen den Riesen kämpfen zu dürfen. Der König
lehnt das Angebot ab. Wie will ein schmächtiger
Hirtenjunge einen Riesen besiegen? David aber
bleibt standhaft. Er berichtet dem
König von einem Bären und einem
Löwen, die er in den Bergen erlegt hat.
Dabei habe ihm Gott geholfen, sagt er.
Und auf Gottes Hilfe setzt er auch in
diesem Kampf. Schließlich gibt der
König nach. David verzichtet auf eine
Rüstung und ein Schwert und sammelt
ein paar Steine für seine Schleuder.

Wissen *spezial*

Wer waren die Philister?
Das Volk der Philister lebte
vor rund 3000 Jahren in
Palästina. Mit ihrem starken
Heer kontrollierten die Philister andere Völker
wie z. B. die
Israeliten und die
Kanaaniter und
erzwangen von
ihnen Abgaben.

Esther riskiert ihr Leben, als sie vor König Ahasveros erscheint.

David mit dem abgetrennten Kopf Goliaths

Dann nimmt er seinen Hirtenstab und stellt sich Goliath. Der Riese verhöhnt ihn, doch David legt einen passenden Stein in seine Schleuder, zielt und trifft Goliath an der Stirn. Tödlich getroffen sackt der gepanzerte Krieger in sich zusammen. David zieht Goliaths riesiges Schwert und schlägt ihm damit den Kopf ab. Die Philister sind von Davids Tat so schockiert, dass sie auf der Stelle die Flucht ergreifen. Saul holt David an seinen Hof. Nach Sauls Tod wird David König der Israeliten.

Von Davids Zweikampf mit Goliath berichtet das erste Buch Samuel des Alten Testaments. Doch wie bei Moses ist es auch im Fall Davids sehr unwahrscheinlich, dass die Geschichte sich genau so zugetragen hat. Möglicherweise besitzen die Erzählungen von David einen wahren Kern, der im Lauf der Zeit mit spannenden Details ausgeschmückt wurde, Details wie zum Beispiel die unwahrscheinlich riesenhafte Größe Goliaths, die im Alten Testament mit fast drei Metern angegeben wird. Davids Mut und sein Vertrauen auf Gott bei seinen Taten sollen auf diese Weise noch größer erscheinen.

Esther verhindert den Völkermord

Weitere 500 Jahre nach Davids Heldentat befindet sich das Volk Israel wieder in Gefahr. Auch davon berichtet das Alte Testament. Die schöne Jüdin Esther lebt an der Seite des persischen **Königs Ahasveros**. Eines Tages erfährt sie von einer grausamen Intrige. Haman, der mächtigste Beamte am Hof, ringt dem König einen Erlass ab, alle Juden in Persien töten zu dürfen. Er hasst sie, da sie nicht vor ihm, sondern nur vor ihrem Gott niederknien. Esther muss den König schnell umstimmen. Aber wie? Ihr ist es verboten, unangemeldet vor Ahasveros zu erscheinen. Missachtet sie das Verbot, droht ihr die Todesstrafe. Doch um ihr Volk zu retten, ist sie zu allem bereit. Mutig tritt sie ohne Erlaubnis vor den König. Als Ahasveros erfährt, dass auch Esther als Jüdin von seinem Erlass betroffen ist, ist er empört und erlaubt, dass die Juden sich wehren und ihre Feinde töten dürfen. Wie die anderen alttestamentarischen Erzählungen will auch die Geschichte über Esther berichten, wie es gelingt, das Volk Israel mit Schlauheit, Mut und der Hilfe Gottes vor Gefahren zu retten.

Wissen *spezial*

Wer war König Ahasveros?

Der biblische König Ahasveros ist sehr wahrscheinlich der Perserkönig Xerxes I., der von 486 bis 465 v. Chr. ein großes Reich regierte, zu dem Ägypten, Palästina, Kleinasien und Persien gehörten.

Kniet nieder **vor dem König!**

Von Artus, Löwenherz und anderen tapferen Rittern

Um 500 in London

„Wer das magische Schwert Excalibur aus diesem Stein ziehen kann, ist unser neuer König."

„Ich weiß, Merlin. Schon viele haben es versucht, doch ihre Mühen waren stets vergebens. Niemand kann es herausziehen."

„Kein Grund, es nicht zu versuchen. Nur zu!"

„Aber ich bin ein Knabe noch, viel schwächer als die Ritter, die sich bereits bemühten."

„Nicht die Kraft zählt, sondern die Bestimmung. Wenn die Vorsehung dich ausgewählt hat, kannst du das Schwert auch ziehen, Artus."

„Dann will ich es versuchen!"

„Tritt an den Stein und packe zu mit beiden Händen!"

„Wahrhaftig, es bewegt sich! Ich kann es herausziehen!"

„Dann bist du unser neuer König. Kniet alle nieder vor König Artus!"

Der junge Artus zieht das Schwert Excalibur aus dem Stein und wird zum König.

Der 15-jährige Artus ist ein Waisenkind und dient dem edlen Sir Kay als **Knappe**. Diese verantwortungsvolle Aufgabe verdankt er dem mächtigen Zauberer Merlin, der ihn nach dem Tod seiner Eltern aufgezogen hat. Während eines Ritterturniers, das Sir Kay in London bestreitet, führt Merlin den jungen Artus zu dem sagenhaften Schwert Excalibur. Seine Geschichte kennt jedes Kind in England. Das Schwert gehörte einst König Uther Pendragon, der in einer Schlacht schwer verletzt worden war und sterbend sein magisches Schwert in einen großen Stein gestoßen hatte. „Wer dieses Schwert ziehen kann, wird meinen Thron besteigen", sind seine letzten Worte. Viele Ritter haben seitdem versucht, das Schwert aus dem Stein zu ziehen, gelungen ist es jedoch keinem.

Wissen spezial

Was machen Knappen?
Knappen standen im Dienst eines Ritters. Sie versorgten seine Pferde, kümmerten sich um seine Waffen und mussten ihn auf seinen Feldzügen begleiten. Dafür wurden sie im Gegenzug zu Rittern ausgebildet.

Merlin war ein mächtiger Zauberer (Filmszene).

König Artus war nicht nur ein weiser Herrscher, sondern auch ein mutiger Krieger (Filmszene).

Der wahre König von Britannien

Artus macht große Augen, als Merlin ihn auffordert, es auch einmal zu versuchen. Einige Ritter lachen sogar über den Jungen. Wenn sie es schon nicht schaffen, wie soll es dann einem so jungen Knappen gelingen? Doch der Zauberer Merlin ist zuversichtlich. Der Knappe vertraut seinem Lehrer und tritt mutig an den Stein heran. Mit einem einzigen Ruck zieht er das Schwert heraus. Das hämische Lachen der Ritter verstummt und die Männer fallen vor Artus auf die Knie. Merlin aber erklärt dem überraschten Jungen, dass niemand anders als er der Sohn Uther Pendragons ist. Und Excalibur gibt ihm das Recht und die Macht, Britannien zu regieren.

Die Geschichte des jungen Artus ist auf der ganzen Welt bekannt. Die berühmte Sage geht auf keltische Märchen zurück, die vor mehr als 1500 Jahren in England und Frankreich erzählt wurden. Artus erscheint darin als ein mächtiger Herrscher, der sein Land klug gegen Feinde vom Festland, die es erobern wollen, verteidigt. Aber auch weise ist er.

Um einen Streit unter seinen Rittern zu vermeiden, wer an der königlichen Tafel auf der Burg **Camelot** neben dem König sitzen darf, bittet er Lancelot, Tristan, Parzival, Gawain, Galahad und die anderen Ritter an einen großen runden Tisch, an dem er selbst nicht Platz nimmt. Auf diese Weise wird die Ehre allen Rittern gleichermaßen zuteil, denn alle Plätze sind gleich. Die Ritter sind von nun an die Ritter der Tafelrunde. So schlichtet Artus den Streit, einigt die Ritter und führt sie in viele siegreiche Schlachten. Doch wer war Artus wirklich? Hat die Artussage einen wahren Kern?

Thema Camelot – Artus' mythische Residenz

In vielen Artusgeschichten aus dem Mittelalter erscheint Camelot als die Burg, in der Artus gelebt und regiert haben soll. Seit Jahren versuchen Forscher, die Burganlage, die auf einem hohen Felsen gelegen haben soll, zu finden. Viele verschiedene Burgruinen in England und Wales wurden bereits als Camelot ausgegeben. Doch ist es bis jetzt keinem gelungen, das wahre Camelot zu identifizieren. Camelot ist eine Erfindung von mittelalterlichen Dichtern, die die Artussage ausschmückten. Die Burg ist ebenso sagenhaft wie König Artus selbst.

Die Ritter der Tafelrunde
waren König Artus treu
ergeben (Filmszene).

Mythos und Wirklichkeit

Als die Geschichten um Artus entstehen, kämpfen die Briten gegen **Angeln und Sachsen**, die in das Land eindringen. Die Menschen haben große Furcht und wünschen sich einen starken König, der Britannien gegen die Eindringlinge verteidigen kann. Zur selben Zeit kämpft ein Heerführer heldenhaft gegen die Angeln und Sachsen. Er fällt zwar in der Schlacht, aber er lebt in Erzählungen und Legenden weiter. Dort wird im Lauf der Zeit aus dem einfachen Krieger der große mythische König Artus, der sein Volk mutig mit seinem magischen Schwert beschützt. Im Lauf vieler Jahrhunderte haben Dichter die spannenden Geschichten um Artus und seine Ritter immer wieder aufgegriffen und mit fesselnden Einzelheiten ausgeschmückt.

Die Abenteuer der Tafelritter zählen zu den beliebtesten Stoffen mittelalterlicher Heldenromane. In ihnen erscheint Artus als idealer Herrscher, der gerechte Entscheidungen trifft und eigene Interessen hinter das allgemeine Wohl zurückstellt. Immer wieder nehmen später Könige im wirklichen Leben Artus zum Vorbild. Einer von ihnen ist Richard Löwenherz.

Wissen *spezial*

Woher kamen Angeln und Sachsen?

Die beiden germanischen Volksstämme stammen aus Norddeutschland. Sie wanderten ab etwa 400 n. Chr. in das heutige England ein und gründeten kleine Reiche. Die Angeln gaben später dem Land den Namen: Aus Angelland (Land der Angeln) wurde England.

Der König mit dem Löwenherzen

Richard I. (1157–1199) ist nicht nur ein gebildeter, sondern mit 1,86 Metern für seine Zeit auch ein außergewöhnlich großer Mann. Seit 1189 regiert er England. Mit Schwert und Lanze kann er perfekt umgehen und weicht keinem Kampf aus. Als er vom Papst aufgefordert wird, einen **Kreuzzug** anzuführen, willigt er auf der Stelle ein. Nun kann er zeigen, wie tapfer er ist. Auf dem Weg nach Palästina muss Richard die Stadt Messina auf Sizilien erobern. Dabei kämpft er so mutig, aber auch so rücksichtslos, dass er den Beinamen „Löwenherz" erhält.

In Palästina trifft der als unbesiegbar geltende Richard aber auf einen Gegner, der ihm ebenbürtig ist. Der furchtlose und kluge Sultan Saladin (1137–1193) führt das muslimische Heer an. Schon nach den ersten Kämpfen sind beide Heerführer voneinander beeindruckt und entwickeln im Laufe der Zeit gegenseitigen Respekt. Als Richard eines Tages während der Belagerung der muslimischen Stadt Akko schwer erkrankt, ist Saladin alles andere als erfreut. Er denkt überhaupt nicht daran, die Schwäche seines Gegners auszunutzen, sondern schickt einen Boten zu

Ein Reiterstandbild in London erinnert an Richard Löwenherz.

Ein Kreuzritter kämpft gegen einen muslimischen Ritter.

Richard und bietet ihm die Dienste seiner Ärzte an. Bisher haben sich Christen und Moslems immer nur verachtet. Richard und Saladin aber akzeptieren sich und beginnen sogar, Gesandte auszutauschen.

Trotz seiner Tapferkeit und seines Mutes kann Richard Löwenherz die heilige Stadt **Jerusalem** nicht zurückerobern. Und er hat noch andere Sorgen: Ihn erreicht die Nachricht, dass sein Bruder John ihm den Thron rauben will. Richard muss sofort zurück nach England. Doch was wird aus Jerusalem? Es gelingt Richard, mit Saladin einen dreijährigen Waffenstillstand auszuhandeln. Doch nicht nur das: Christliche Pilger erhalten die Erlaubnis des Sultans, nach Jerusalem, in ihre heilige Stadt, reisen zu dürfen.

Die Klagemauer ist ein wichtiges jüdisches Heiligtum in Jerusalem.

Wer war Löwenherz wirklich?

Die Geschichten, die von Richard überliefert sind, zeigen ihn als ritterlichen und weisen König, der nur mit Artus zu vergleichen ist. Er ist belesen, treu dem Papst ergeben, kämpft tapfer und entschlossen an vorderster Front und hält sein Wort. Doch war Richard wirklich der ritterliche

Held, von dem die Legenden berichten? Viele dieser Legenden ließ Richard selbst über sich verbreiten, so etwa auch das Gerücht, er hätte Artus' mythisches Schwert Excalibur in seinem Besitz. Ohne Zweifel war Löwenherz ein tapfer und aufrichtig kämpfender Ritter. Aber er war auch ein grausamer Befehlshaber, der grundlos Tausende von Gefangenen erschlagen ließ. Dennoch gelang es ihm, den alten Streit zwischen den Angelsachsen und den Normannen, die England 1066 erobert hatten, zu schlichten. Er verkündete, dass beide Volksgruppen fortan einfach Engländer sind. Diese Einigung seines Volkes ist wahrscheinlich seine größte Leistung, auch wenn es ihm dabei vor allem darum ging, mehr Soldaten für seine Feldzüge anwerben zu können. Doch mit ihr begannen die Legenden, die ihn zum berühmtesten Ritterhelden des Mittelalters machten.

Wissen spezial

Warum ist Jerusalem heilig?
Jerusalem ist für Christen, Juden und Muslime eine heilige Stadt. Denn hier befinden sich die wichtigsten Heiligtümer der drei Religionen: der Felsendom für die Muslime, die Grabeskirche für die Christen und die Klagemauer für die Juden.

Der Felsendom auf dem Tempelberg in Jerusalem

Liebe, Verrat und blutige Rache

Siegfried siegt über den Drachen

*Im frühen Mittelalter
am Ufer des Rheins*

„Was für ein Ungeheuer, das bei jedem Schritt die Erde beben lässt. Fafnir ist ein schwerer Gegner. Ich kann nicht einfach nur mein Schwert ziehen und mich ihm von Angesicht zu Angesicht stellen. Mit seinem feurigen Atem und seinen Pranken ist er mir überlegen.

Seine Schuppen sind hart wie Granit, doch sein Bauch ist ungeschützt. Ich werde mich in der Grube dort verstecken. Das wird sein Ende sein. Da! Schon sehe ich den Drachen! Wie jeden Tag wählt er diesen Weg zum Wasser.

So muss er über diese Grube, die mich vor seinem Blick verborgen hält. Nun ist Fafnir direkt über mir. Jetzt muss ich mutig zustechen, um das Untier zu besiegen!"

Siegfried besiegt den Drachen Fafnir.

Kaum hat Siegfried den Drachen Fafnir besiegt, steigt er aus der Grube und legt seine Kleider ab. Er weiß, dass das Blut des Drachen eine besondere Eigenschaft besitzt: Wer darin badet, wird unverwundbar. Doch als Siegfried in das Blut eintaucht, bemerkt er nicht, dass ein Lindenblatt auf seinen Rücken fällt. Es ist zwar nur eine kleine Stelle, die das Drachenblut nicht berührt, dennoch wird ihm diese später zum Verhängnis.

Königssohn, Drachentöter und Schatzräuber

Mehrere nordische Sagen, wie zum Beispiel die im 13. Jahrhundert entstandene **Edda,** erzählen von Siegfried. Sie wurden über Jahrhunderte mündlich weitergegeben und später aufgeschrieben. Eines der berühmtesten Werke über den sagenhaften Siegfried ist das Nibelungenlied, eine mittelhochdeutsche Erzählung, die um 1200 verfasst wurde. Im Nibelungenlied ist Siegfried der Sohn von König Siegmund und Königin Sieglinde, die das kleine Königreich Xanten am Rhein regieren. Der Königssohn erhält die Erziehung eines Ritters, kann perfekt mit Schwert und Lanze umgehen und Schlachtrösser reiten. Schon früh zeigt sich, dass er außergewöhnlich stark ist und jeden seiner Gegner besiegt. Eines Tages erfährt Siegfried von der schönen Kriemhild, der Schwester der Könige des Burgunderreiches. Sofort bricht er auf, um in Worms um sie zu werben. Auf seinem Weg

Siegfried war das Idealbild eines Helden im Mittelalter.

Wissen spezial

Was ist die Edda?
Die Edda ist eine Sammlung verschiedener Dichtungen aus dem 13. Jahrhundert. Sie hat mehrere Verfasser, die jedoch alle unbekannt sind. Die Sprache der Edda ist Altisländisch, das von Island über Schottland bis nach Finnland bekannt war.

dorthin tötet er nicht nur den Drachen, sondern trifft auch auf zwei **Nibelungen**, die sich um einen riesigen Schatz streiten. Siegfried tötet beide. Kurz darauf erscheint der mächtige Zwergenkönig Alberich, der den Nibelungenschatz bewacht. Es gelingt Siegfried, auch ihn zu überwältigen und ihm einen Umhang zu entwenden, der unsichtbar macht.

Reich, nahezu unverwundbar und mit einem Tarnumhang trifft Siegfried in Worms ein. Schon bald genießt er dort großes Ansehen. Er gewinnt Schlachten für die Burgunder, nimmt Kriemhild zur Frau und hilft König Gunther mithilfe des Tarnumhangs, Brunhild als Frau zu gewinnen. Doch einige Mitglieder der Königsfamilie misstrauen Siegfried, vor allem Brunhild und der Ritter Hagen von Tronje, der es auf den Schatz abgesehen hat. Sie beschließen, Siegfried zu ermorden. Wäh-

Im Kampf tötet Siegfried den Drachen Fafnir.

Brunhild ist eine starke und mächtige Kämpferin (Filmszene).

rend der Jagd gelingt es Hagen, ihm einen Speer in den Rücken zu stoßen – genau an der verwundbaren Stelle, die vom Lindenblatt bedeckt war. Kriemhild ahnt, wer die Verschwörer sind, und sinnt auf blutige Rache. Sie heiratet Etzel, den König der Hunnen, und lockt Gunther, Hagen und die Burgunder in eine Falle, um sie zu töten. Die Geschichte endet mit einem blutigen Gemetzel, bei dem nicht nur die Burgunder sterben, sondern auch Kriemhild getötet wird. Hagen, der als Einziger weiß, wo sich Siegfrieds Schatz befindet, nimmt das Versteck des Goldes mit ins Grab.

Märchen oder wahre Begebenheit?

Gehören diese blutigen Geschichten ins Reich der Märchen oder haben sie sich wirklich zugetragen? Forscher wollten schon von jeher herausfinden, ob diese Sagen einen wahren Kern haben. Am Rhein hat es bis zum Jahr 436 tatsächlich ein Reich des germanischen Volkes der

Attila, der König der
Hunnen, einer der mäch-
tigsten Herrscher des
Mittelalters

Burgunder gegeben. Sein Zentrum war Worms. Als die Burgunder ihr Reich ausdehnen wollten, wurde es jedoch von römischen und hunnischen Truppen erobert und zerschlagen. Der Hunnenkönig Etzel hieß in Wirklichkeit Attila. Er regierte seit 434 das hunnische Volk und starb 453. Die Sagen um Siegfried gehen also auf den historisch fassbaren Untergang des Burgunderreiches zurück. Um sie noch spannender zu machen und Siegfried noch heldenhafter erscheinen zu lassen, wurden sie mit märchenhaften Einzelheiten wie etwa dem Kampf gegen den Drachen ausgeschmückt. Ob auch Siegfried einen echten Krieger zum Vorbild hatte, ist ungewiss. Lange Zeit galt der Cheruskerfürst Arminius als historisches Vorbild für Siegfried. Was machte ihn zum Helden?

Arminius besiegt die Römer

Von Blättern verborgen, verfolgen unzählige Augen eine endlos scheinende Kolonne von mehr als 15 000 römischen **Legionären**. Im Jahre 9 n. Chr. marschieren sie durch einen dichten Wald in Norddeutschland. Der Pfad zwischen den Bäumen ist oft so schmal, dass höchstens vier Soldaten nebeneinander marschieren können. Daher ist die Kolonne über 15 Kilometer lang. Angeführt wird sie von dem erfahrenen Senator Publius Quinctilius Varus (47 v. Chr. – 9 n. Chr.). Sein Ziel sind einige Stämme der Germanen, die angeblich einen Aufstand gegen die römische Vorherrschaft planen. Varus weiß jedoch nicht, dass er und seine Männer in eine raffinierte Falle gelockt werden.

Schon seit Tagen werden Varus und seine Krieger von den Germanen beobachtet. Hinter den Bäumen

Wissen spezial

Was ist ein Legionär?
Ein gut ausgebildeter und bewaffneter Soldat des Römischen Reiches. 3600 bis 6000 Legionäre bildeten eine Legion, die geschlossen in den Kampf zog. Als Waffen dienten ein Wurfspieß (pilum) und ein Kurzschwert (gladius).

lauern Tausende Cherusker, Chauken, Brukterer, Chatten und Mitglieder einiger anderer germanischer Stämme. Ihr Anführer ist der Cheruskerfürst Arminius (16 v. Chr. – 21 n. Chr.). Viele Jahre hat er in Rom gelebt und als Legionär im römischen Heer gekämpft. Er spricht fließend Latein und kennt die Strategie der Römer genau. Er weiß, dass die Legionen in geordneter Formation in freiem Gelände unschlagbar sind. In einem Wald aber können die Soldaten keine geschlossenen Kampfformationen bilden.

Arminius tritt aus seinem Versteck hinter einer Buche und gibt das Zeichen. Wildes Kampfgeschrei hallt durch den Wald. Völlig überrascht ziehen die Legionäre ihre Schwerter. Doch gegen die Übermacht der Germanen haben sie keine Chance. Als die Nachricht von dem heimtückischen Angriff Varus erreicht, ist Arminius mit seinen Kriegern

Gegen Arminius und seine Germanen haben die Römer keine Chance.

Auch Asterix und Obelix setzen sich gegen die Römer durch (Filmszene).

In einer offenen Feld-
schlacht waren die
Römer nahezu
unbesiegbar.

längst wieder im undurchdringlichen Wald verschwunden. Der Pfad aber ist übersät von toten Legionären. Kaum haben die Römer ihre Reihen wieder geschlossen, greift Arminius an einer anderen Stelle erneut an. Wieder sterben Hunderte von Römern. Verzweifelt versucht Varus, seine Legionen zusammenzuziehen, um sich besser gegen diese Angriffe verteidigen zu können. In einem Wald voller Sümpfe ist dies aber nicht möglich. Nach drei Tagen sind nur noch einige Hundert Legionäre übrig. Varus weiß längst, dass er geschlagen ist, und stürzt sich in sein Schwert. Arminius aber kehrt als triumphaler Sieger in sein Dorf zurück. Er hat die als unschlagbar geltenden Römer besiegt. Nun brauchen die Germanen keine Steuern mehr an die Römer zu zahlen und ihre Gesetze nicht mehr zu befolgen. Arminius wird als Held gefeiert. Er hat die zerstrittenen germanischen Stämme vereint gegen die Römer geführt.

Aus Arminius wird Hermann

Kaum wird Varus' Niederlage in Rom bekannt, berichten Geschichtsschreiber wie Tacitus (58–116) über die Schlacht. Tacitus schildert Arminius als überlegenen Feldherrn und Befreier der Germanen von der römischen Herrschaft, gleichzeitig aber auch als Verräter. Als Deutschland sich im 19. Jahrhundert als Nationalstaat gründet, erinnern sich viele Deutsche wieder an den mutigen Feldherrn, der sich siegreich gegen die römische Fremdherrschaft aufgelehnt hat. Sie sehen in ihm nun einen Kämpfer gegen alles Fremdländische und einen frühen Wegbereiter des deutschen Staates. Die **Nationalisten** geben ihm den deutschen Namen Hermann und errichten ihm 1875 bei Detmold im Teutoburger Wald ein Denkmal. Erst in jüngster Zeit bemühen sich Forscher um ein objektives Bild von Arminius und der Varusschlacht.

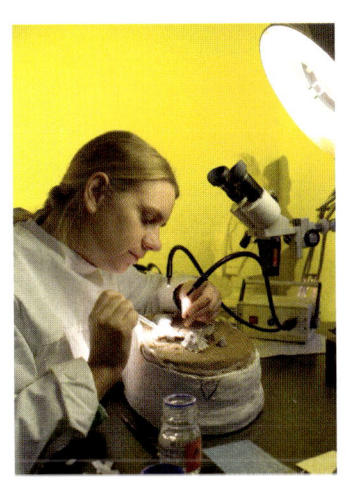

Archäologen untersuchen Fundstücke der Varusschlacht.

Thema Nationalisten grenzen sich ab

Nationalismus ist eine Weltanschauung, bei der das eigene Volk und die eigene Nation anderen Nationen gegenüber als überlegen angesehen werden. Oft werden andere Völker und Nationen als minderwertig, schwach und unbedeutend betrachtet, während die eigene Nation als stark

und von hoher Kultur gilt. Aufgrund der feindseligen Haltung allem Fremden gegenüber hat der Nationalismus immer wieder zum Ausbruch von Kriegen wie etwa dem Ersten und dem Zweiten Weltkrieg beigetragen. Heute wird Nationalismus kritisch beurteilt.

Mit List und Mut
zur Unsterblichkeit

Taktiker in der Schlacht

1099 in Spanien

„Es besteht kein Zweifel mehr, Yusuf. El Cid ist tot. Mein Spion ist zuverlässig."

„Dann ist der Wille der Spanier gebrochen. Noch heute werden wir in Valencia einziehen. Gebt das Signal zum Angriff, Umar. Unser Sieg ist gewiss."

„Seht nur, die Spanier öffnen das Stadttor!"

„Sie werden keinen Ausfall wagen. Lasst euch nicht beirren. Sie werden um Gnade flehen wollen."

„Doch wer sitzt dort auf dem Hengst?"

„Unmöglich! Ich habe doch gesehen, wie El Cid von seinem Pferd gestürzt ist!"

„Und dennoch sitzt er fest im Sattel."

„Das ist schwarze Magie! Ein Werk des Teufels! Vernehmt die Rufe! Die Spanier wagen doch einen Ausfall!"

Zwei arabische Feldherren erwarten den Angriff der Spanier.

Regungslos sitzt der Ritter El Cid im Sattel seines Hengstes Babieca. In seiner hoch erhobenen Hand hält er sein Schwert. Sein Blick ist starr auf das Stadttor gerichtet, vor dem die **Almoraviden** einen weiteren Angriff vorbereiten. Hinter seinem Rücken haben sich alle Soldaten Valencias versammelt. Sie vertrauen ihm blind, denn wenn El Cid ein Heer anführt, so siegt es auch. Selbst wenn der Feind in der Überzahl ist.

Ein Toter gewinnt die letzte Schlacht

Doch an diesem Tag ist etwas anders als sonst. Nur wenige wissen, dass auf dem Pferd ein Toter sitzt. El Cid starb am Tag zuvor, nachdem er von einem Pfeil in den Rücken getroffen worden war. Er wusste, dass seine Soldaten ohne ihn den Mut verlieren würden und die Stadt verloren wäre. Aber El Cid hat vorgesorgt. Mit seinen engsten Vertrauten heckt er einen Plan aus, wie er auch noch als Toter seinem Heer vorstehen und den wichtigen Ausfall anführen kann. In der Nacht bauen seine Freunde heimlich ein Gestell aus Holz, das den Toten aufrecht im Sattel hält. Seine Augen schließen sie nicht, sein Gesicht wird geschminkt, seine Rüstung poliert, sein weißer Umhang gereinigt.

Am Morgen öffnet sich das riesige Stadttor von Valencia. Einer von El Cids Freunden ahmt die Stimme des Heerführers nach und gibt den Befehl zum Angriff. Die Soldaten stimmen ein wildes Kriegsgeschrei an und stürmen hinter ihrem Anführer her. Vor den Toren Valencias aber traut der arabische Feldherr Yusuf ibn Taschfin (1009–1106) seinen Augen nicht.

> ### Wissen *spezial*
>
> **Wer waren die Almoraviden?**
>
> Die Almoraviden waren eine arabische Herrscherfamilie, die ein schlagkräftiges Heer besaß. Im 12. Jahrhundert eroberten und beherrschten sie große Teile Spaniens. Die Hauptstadt des Almoravidenreiches war Marrakesch in Marokko.

El Cid gilt als spanischer Nationalheld.

So sieht es in Sevilla
heute aus.

Seine Soldaten stoßen Schreckensrufe und Gebete aus. „Er ist unsterblich!", raunt einer. Als El Cid mit gezücktem Schwert auf sie zureitet, sind sie nicht mehr zu halten. Johlend setzen ihnen die Spanier nach. Valencia ist gerettet. So jedenfalls berichtet es die Legende, die schnell in ganz Spanien bekannt wird. Noch als Toter, so hört man auf jedem Marktplatz, sei El Cid ein besserer Krieger gewesen als seine Gegner. Bald gilt El Cid sogar als Befreier Spaniens von den Almoraviden.

Wissen spezial

Was sind Emirate?

Das Herrschaftsgebiet eines Emirs wird Emirat genannt. Als Emire wurden ursprünglich osmanische Heerführer bezeichnet, später auch arabische Stammesführer oder Fürsten. Im arabischen Raum gibt es noch heute Emirate wie etwa Dubai oder Kuwait.

Erst denken, dann kämpfen

Der tapfere El Cid heißt eigentlich Rodrigo Díaz de Vivar (1043–1099) und ist der Sohn eines spanischen Edelmanns. Er wächst im Norden des Landes auf, das aus vielen kleinen christlichen Königreichen und arabischen **Emiraten** besteht. Fast alle sind verfeindet und führen Krieg gegeneinander. Wie sein Vater wird auch Rodrigo Ritter und kämpft abwechselnd für verschiedene christliche und arabische Herrscher. Der Krieg bestimmt den Alltag in Spanien. Und kaum jemand kämpft so gut wie Rodrigo, der von den Arabern den Namen „El Cid" (Der Herr) erhält, während ihn die Spanier „Campeador" (Kämpfer) nennen. Doch womit hat sich Rodrigo diesen Namen verdient? Mit dem Schwert umgehen können viele Ritter. Rodrigo aber ist ein kluger Heerführer, der etwas macht, was jeder andere Ritter für nicht standesgemäß hält. In Kampfpausen liest er seinen Soldaten aus Büchern über antike Schlachten vor und diskutiert die Taktik berühmter Feldherren. El Cid fragt vor jeder Schlacht seine Offiziere und sogar die einfachen Sol-

Wissen *spezial*

**Militärische Taktik –
der Weg zum Sieg**
Vor jeder Schlacht überlegen Feldherren, wie sie Soldaten und Waffen am besten einsetzen, um am Ende siegreich zu sein. Neben der geschickten Kampf- und Truppenführung gehört auch die Ausarbeitung von Listen oder Hinterhalten zur Kriegstaktik.

El Cid kehrt siegreich von einer Schlacht zurück.

daten: „Wie würdet ihr angreifen?" In Ruhe hört er sich Vorschläge an und wählt dann den besten Plan aus. Jeder weiß: El Cid brüllt keine dumpfen Befehle, sondern achtet jeden Soldaten. Er ist ihr Anführer, aber auch ihr Partner. Mit wenigen Männern besiegt er so immer wieder Gegner, die in der Überzahl sind. Nie verhält er sich so, wie die Feinde es erwarten, sondern stellt ihnen Fallen oder greift sie völlig überraschend an. El Cid verliert

Die Spanier verehrten El Cid als mutigen Krieger.

nicht eine einzige Schlacht. Seine Männer verehren ihn als Kriegshelden, weil er sie alle zu Kriegshelden macht.

Wie er 1099 tatsächlich den Tod gefunden hat, ist nicht bekannt. Möglicherweise ist er nicht an einem Pfeil, sondern an einer Krankheit gestorben. Die Legende jedoch, als Toter seine letzte Schlacht gewonnen zu haben, kennt in Spanien jedes Kind.

Der Ritter der Lüfte

Ein ganz anderer Ritter führt im Winter 1917 während des Ersten Weltkriegs seine Soldaten in die Schlacht. Auch er ist der Sohn eines adeligen Offiziers, auch er verkündet keine vorschnellen Befehle, sondern bereitet mit seinen Soldaten jeden Einsatz genau vor. Erst wenn er davon überzeugt ist, den Gegner auch besiegen zu können, gibt er den Befehl. Freiherr Manfred von Richthofen (1892–1918) besteigt jedoch kein gepanzertes Schlachtross, sondern einen **Fokker-Dreidecker**. Statt eines Tarnanstrichs hat Richthofen sein Jagdflugzeug feuerrot anmalen lassen. Der Gegner soll wissen: Ich will mich nicht verstecken und ich scheue niemals einen Kampf.

Das rote Flugzeug soll Angst verbreiten. Schon heben die Maschinen von der Startbahn ab, einer Wiese in der Nähe der Front. In nur zehn Minuten hat Richthofen eine Höhe von 3000 Metern erreicht und hält Ausschau nach feindlichen Flugzeugen. Von Westen her nähern sich mehrere schwarze Punkte. Britische Jagdflugzeuge. Richthofen und seine Piloten fliegen eine Kurve. Sie wollen die Sonne im Rücken haben, sodass die Gegner in die Sonne schauen müssen. Als die graugrünen Doppeldecker fast 1000 Meter unter den deutschen Piloten heranfliegen, drückt Richthofen den Steuerknüppel nach vorne. Der Motor heult auf, der eisige Fahrtwind gräbt sich in die Wangen. Im Sturzflug rast er auf eines der Flugzeuge zu. Als der britische Pilot die Gefahr erkennt, ist es bereits zu

Der Fokker-Dreidecker

Eine Fokker auf Verfolgungsjagd

spät. Er fliegt eine Kurve, doch Richthofen lässt sich nicht abschütteln und folgt ihm. Schon hat er das Flugzeug im Visier und drückt auf den Auslöser seiner Maschinengewehre. Der Motor ist getroffen. Qualmend taucht der feindliche Doppeldecker ab, um eine Notlandung zu versuchen. Wieder hat Richthofen einen Luftkampf gewonnen. Dass er der angeschossenen Maschine nicht folgt, um sie endgültig zu zerstören, gehört für ihn zum Ehrenkodex eines Jagdfliegers.

Der Siegeszug des roten Teufels

Richthofen fühlt sich als eine Art Ritter der Lüfte. Er kämpft hart, aber fair. Und Mann gegen Mann. Mit dem **Stellungskrieg** am Boden will er nichts zu tun haben. Dafür zählt er zu den wenigen Soldaten, die nicht nur jeder Deutsche kennt. Er ist ein Idol, gerade weil er ein erfolg-

Thema Stellungskrieg – feste Fronten und viele Opfer

Zu Beginn des Ersten Weltkriegs (1914–1918) versuchte das deutsche Heer, möglichst schnell Frankreich zu erobern. Die Franzosen konnten den Angriff aber abwehren. Im Osten Frankreichs bildete sich eine feste Frontlinie. Beide Armeen bauten Stellungen, aus denen heraus sie sich beschossen. Der Gegner sollte in Materialschlachten besiegt werden. Da jedoch beide Seiten etwa gleich viele Soldaten und Kanonen an die Front schickten, änderte sich der Frontverlauf kaum. Dafür aber starben in dem Stellungskrieg Millionen junger Menschen.

Manfred von Richthofen und seine Fliegerkameraden erzielten spektakuläre Siege in der Luft.

reicher Pilot ist und nicht zu den Millionen gehört, die am Boden kämpfen. Sie sind namenlos, während Richthofen bereits zu Lebzeiten berühmt ist und als Kriegsheld gilt. Über jeden seiner 80 Siege wird in den Zeitungen berichtet. Flugzeuge sind neuartige Waffen, die die Menschen faszinieren. Dabei sind ausgerechnet die militärischen Erfolge der Piloten für den Verlauf des Ersten Weltkriegs ohne Bedeutung. Über den Ausgang entscheiden Millionenheere und Fabriken, Kanonen, Lebensmittel und Munitionsvorräte, nicht aber eine Handvoll Jagdflieger.

Am 21. April 1918, im letzten Kriegsjahr, wird Richthofen von einem australischen Maschinengewehrschützen vom Boden aus abgeschossen. Die Australier, die auf der Seite Frankreichs kämpfen, bestatten ihn mit militärischen Ehren. Nach dem Ende des Kriegs erhält er in England den Beinamen „Roter Baron" wegen des roten Flugzeugs.

Ein Leben **für die Freiheit**

Wilhelm Tell lässt sich nicht unterkriegen

1291 in der heutigen Schweiz

„Welch ungeheure Tat verlangt der Vogt von mir? Zu schießen einen Apfel vom Kopf meines Sohnes Walter. Mein Leben würd' ich dafür geben, wenn er mir diesen Schuss erlassen würde. Doch er kennt keine Gnade und lässt uns beide eher nieder-stechen, als auf den Schuss zu verzichten. So muss ich's also wagen, auch wenn mein Herz dabei zerspringt. Walter ist voller Mut und für den Pfeil bereit. Doch für den Fall, dass ich mein Ziel verfehle, zieh ich einen zwei-ten Pfeil mir aus dem Köcher. Meine Arm-brust, die ist schnell gespannt. Noch eh der Vogt sein Schicksal ahnt, werd ich ihn treffen und den Walter rächen. Die Sehne ist voll Kraft, die Hand ist ruhig. Den Apfel habe ich fest im Blick. Jetzt! Himmel sei Dank! Der Apfel ist gefal-len! Wir sind gerettet!"

Wilhelm Tell und sein Sohn Walter

Als Johann Wolfgang von Goethe (1749–1832) im Jahr 1797 in die Schweiz fährt, hört er zum ersten Mal die Sage von Wilhelm Tell. Die Schweizer sind stolz auf ihren Helden und erzählen die Geschichte mit großer Begeisterung. Der Jäger Wilhelm Tell aus dem Tal Uri leidet wie die meisten seiner Landsleute unter der Herrschaft der Habsburger. Besonders rücksichtslos ist der Reichsvogt Hermann Geßler, ein Hofbeamter, der im Namen des Kaisers Steuern erheben, Recht sprechen und sogar Gesetze erlassen kann.

Goethe war begeistert von der Tell-Sage.

Für Freiheit und Gerechtigkeit

Mitten in dem Ort Altdorf steckt Geßler seinen Hut auf eine Stange und befiehlt, dass jeder die Kopfbedeckung im Vorbeigehen grüßen müsse. Eine ungeheure Demütigung. Nur widerwillig verneigen sich die Menschen vor dem Hut. Längst planen einige Fürsten und Bürger einen Aufstand. Eines Tages geht auch Wilhelm Tell mit seinem Sohn Walter an der Stange vorbei. Doch Tell sieht sich als freier Mensch und verneigt sich nicht. Sofort wird er von den Wachen verhaftet. Da erscheint der gefürchtete Reichsvogt. Weil Tell als bester Schütze im Land gilt, befiehlt Geßler als Strafe für seine Tat, dass Tell seinem Sohn Walter einen Apfel vom Kopf schießt. Tell hat keine andere Wahl. Obwohl ihm der riskante Schuss glückt, nimmt Geßler Tell gefangen und

Wilhelm Tell soll den vom Landvogt aufgestellten Hut grüßen.

will ihn persönlich ins Verlies bringen. Doch Tell kann entkommen. Auf der Flucht erfährt er, welchen Weg Geßler nimmt, und legt sich auf die Lauer. Geduldig wartet er, bis

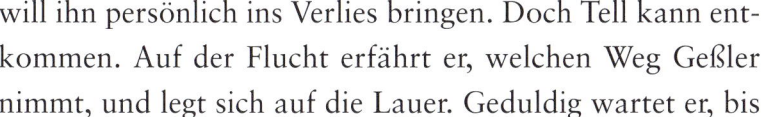

Denkmal in Altdorf: Wilhelm Tell und sein Sohn Walter

Geßler auf dem schmalen Pfad erscheint. Dann legt er seine Armbrust an. Der Pfeil trifft den Vogt mitten ins Herz. Als Tell zurückkehrt, sind überall Feuersignale zu sehen, die von dem erfolgreichen Aufstand künden. Tell wird als Held gefeiert, denn er hat den schlimmsten Feind getötet. Einige Aufständische treffen sich heimlich zum **Rütlischwur**.

Freudig berichtet Goethe seinem Freund Friedrich Schiller (1759–1805) von Wilhelm Tell. Ein toller Stoff für ein Drama! Besonders den Apfelschuss kann sich Goethe sehr gut auf der Bühne vorstellen. Schiller entschließt sich, ein Drama über die Freiheit und den Kampf gegen eine ungerechte Herrschaft zu schreiben, das den Namen des Helden trägt. 1804 vollendet er das Stück. Dass Wilhelm Tell nur eine Sagengestalt ist, stört Schiller nicht. Ihm ist wichtig, dass

Thema Der Rütlischwur begründet die Schweiz

Wie Wilhelm Tell gehört auch der Rütlischwur zum Mythos von der Gründung der Schweiz. Er besagt, dass sich im Jahr 1291 Vertreter aus den drei Tälern Uri, Schwyz und Unterwalden auf einer Wiese am Vierwaldstättersee getroffen haben, um sich zu verbünden. Ihre Vereinbarung besiegelten sie mit einem Eid. Da die Wiese Rütli hieß, nannte man diesen Eid „Rütlischwur". Uri, Schwyz und Unterwalden wurden so die ersten Kantone der Schweiz, die auch Urkantone genannt werden. Auf der Rütliwiese erinnert heute der Dreiländerbrunnen an den Schwur.

Die Schweizer feiern jedes Jahr die Gründung ihres Staates auf der Rütliwiese.

Tell den Freiheitswillen der Schweizer verkörpert wie kein anderer. Dass Tell Geßler tödlich trifft, beschreibt Schiller denn auch nicht als Mord, sondern als berechtigte Notwehr gegen einen Tyrannen. So trägt Schiller dazu bei, dass Tell über die Grenzen der Schweiz hinaus zum Helden und zum Symbol für Freiheit wird.

Ein Bauernmädchen rettet Frankreich

Auch die Franzosen sehnen sich im 15. Jahrhundert nach Freiheit, denn ihr Land wird zu großen Teilen von England beherrscht. Immer mehr französische Städte und Dörfer werden belagert und erobert. Überall gibt es blutige Kämpfe. Doch wer soll sich dem Eindringling entgegenstellen? Der französische Adel ist viel zu schwach und untereinander zerstritten und weicht zurück. Da wird 1412,

Bei einem Angriff wird Jeanne d'Arc verwundet.

Sie hat für die Franzosen viel erreicht.

mitten im **Hundertjährigen Krieg** in einem kleinen Dorf im Osten Frankreichs Jeanne d'Arc geboren. Als das einfache Bauernmädchen 13 Jahre alt ist, sieht sie im Traum immer wieder berühmte Heilige, die ihr einen Auftrag erteilen: „Vertreibe die Engländer und sorge dafür, dass der Thronfolger Karl zum König gekrönt wird." Drei Jahre später bricht Jeanne auf, um Frankreich zu retten. Mit eisernem Willen kämpft sie sich durch feindliches Gebiet bis zum Königshof in Chinon.

Der Thronfolger ist von ihrem Glauben so beeindruckt, dass er ihr eine Rüstung und ein paar Soldaten gibt. An ihrer Spitze reitet Jeanne nach Orléans, das von den Engländern belagert wird. Die Bürger sind erstaunt, dass ihnen ein junges Mädchen Brot und Waffen bringt. Noch erstaunter sind sie, als Jeanne sie auffordert, die Engländer anzugreifen. Die Engländer trauen ihren Augen kaum, als die Belagerten tatsächlich einen Ausfall wagen. Doch kein Ritter führt die Soldaten an, sondern ein zierliches Mädchen! Mitten in der Schlacht wird Jeanne von einem Bogenschützen angeschossen. Ihre Soldaten halten den Atem

Jeanne d'Arc stirbt auf dem Scheiterhaufen.

an. Ist der Kampf vorbei und verloren? Nein, Jeanne beißt die Zähne zusammen und schwingt sich wieder auf ihr Pferd. Hinter dieser Entschlossenheit will keiner der Soldaten zurückstehen. Das tapfere Mädchen vor Augen, schlagen die Franzosen die Engländer in die Flucht und Orléans ist gerettet. Weil Jeanne d'Arc die Stadt von den Engländern befreit hat, erhält sie später bei uns auch den Namen „Jungfrau von Orléans".

Innerhalb eines Monats nach dem Sieg in Orléans ist die ganze Region befreit und Karl wird 1429 tatsächlich zum König Karl VII. gekrönt. Jeanne kämpft weiter, fällt aber wenig später in die Hände der Engländer, die sie wegen Ketzerei anklagen. Am 30. Mai 1431 stirbt sie in Rouen auf dem Scheiterhaufen. Die Franzosen aber schaffen es, die Engländer aus ihrem Land zu vertreiben. Da Jeanne d'Arc den Grundstein für diesen erfolgreichen Kampf gelegt hat, wird sie zur Nationalheldin Frankreichs. Denn auf ihre Taten führen die Franzosen später die Einheit und den Erhalt ihrer Nation zurück.

Wissen *spezial*

Was versteht man unter Ketzerei?
Im Mittelalter bezeichnete die katholische Kirche Christen, die die Lehre der Kirche nicht befolgten, als Ketzer. Sie wurden verfolgt, gefoltert und auf dem Scheiterhaufen verbrannt. Im 14. Jahrhundert wurden auch Juden und Moslems mit Gewalt zum katholischen Glauben bekehrt.

Die letzte Schlacht der großen Häuptlinge

Seit Menschengedenken kämpfen überall auf der Welt Völker gegen Eroberer und Unterdrücker, um ihre Freiheit und Unabhängigkeit zu verteidigen. So wehren sich gut 400 Jahre nach Jeanne d'Arc die Indianer Nordamerikas gegen die weißen Siedler und Soldaten. Im Juni 1876 leben nur noch wenige Stämme der Ureinwohner Amerikas in Freiheit. Die Regierung der USA schickt General George Custer (1839–1876) mit 650 Soldaten aus, um sie zu besiegen. Custer sieht darin keine schwere Aufgabe, denn er glaubt, dass die Stämme untereinander zerstritten sind.

Doch zwei angesehenen Häuptlingen ist es in der Zwischenzeit gelungen, die Lakota, Sioux, Cheyenne und andere Stämme zu vereinen: Crazy Horse (um 1840–1877) und Sitting Bull (um 1831–1890). Vor allem Sitting Bull hat die Häuptlinge der kleineren Stämme in langen Gesprächen davon überzeugt, gemeinsam gegen die Weißen zu kämpfen. Am **Little Bighorn** in Montana haben sie ein großes Lager errichtet. Kaum haben Kundschafter der amerikanischen Regierungstruppen es entdeckt, lässt General Custer zum Angriff blasen. Schüsse peitschen durch die kleine Stadt aus Wigwams. Die Indianer sind völlig überrascht. Ebenso überrascht ist General Custer, denn er hat nur mit einigen Hundert Kriegern gerechnet, nicht aber mit mehr als 1200. Häuptling Crazy Horse erteilt schnell einige Befehle und schwingt sich dann auf sein Pferd. Mitten zwischen den Wigwams bleibt Custers Angriff stecken. Immer mehr Krieger stellen sich ihm in den Weg. Ihm bleibt nur der Rückzug.

Wissen *spezial*

Der Little Bighorn

Der Little Bighorn ist ein Fluss, der im amerikanischen Bundesstaat Wyoming entspringt. Er mündet in den Bighorn River, der wiederum in den Yellowstone River fließt. Am Ufer des Little Bighorn erinnert heute ein Denkmal an die Schlacht.

Sitting Bull vereinte viele Indianerstämme.

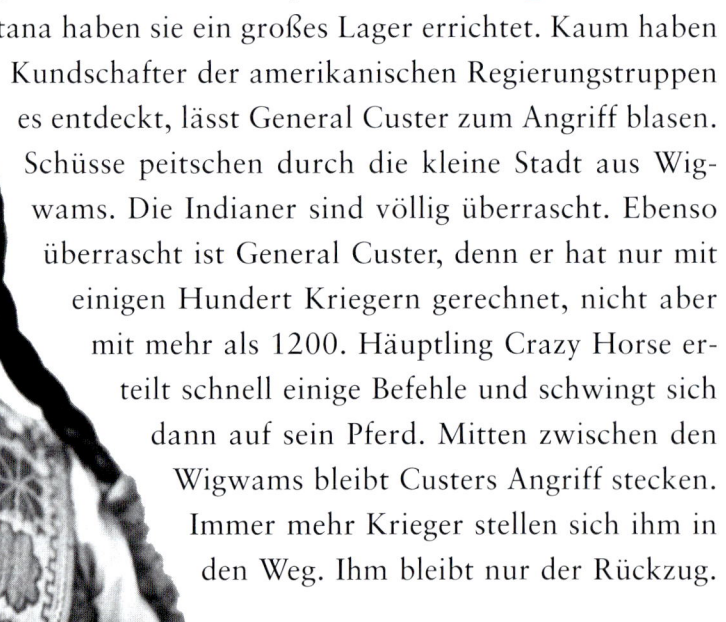

Gegen die Übermacht der Indianer hatte General Custer keine Chance.

Doch er kommt nicht weit. Hinter einem Hügel wartet Crazy Horse auf ihn. Er hat Custers Flucht vorausgeahnt. Custer und 250 seiner Soldaten sitzen in der Falle. Von allen Seiten greifen die indianischen Krieger an. Custer und alle Soldaten sterben.

Doch Crazy Horse und Sitting Bull ahnen, dass dies die letzte große Schlacht gegen die Weißen war. Wie so viele Häuptlinge werden auch sie später ermordet. Ihre Namen und die Schlacht am Little Bighorn aber sind bis heute im Gedächtnis der Indianer fest verankert. Denn sie gelten als Symbol für den Widerstand gegen die Vertreibung und Ausrottung ihres Volkes.

Kurs auf den geheimnisvollen Kontinent

Piraten jagen über die Weltmeere

1579 im Golf von Panama

„Rudergänger! Hart backbord!"

„Aye, aye, Käpt'n Francis! Hart backbord!"

„Jetzt haben wir sie. Die spanische Galeone kann nicht mehr entkommen."

„Sie wird reichlich Silberbarren und Dublonen an Bord haben. Ihre

Truhen werden bis zum Rand gefüllt sein."

„Darauf kannst du deinen Anteil wetten. Ihr Rumpf liegt tief im Wasser."

„Werden sie kämpfen?"

„Das will ich ihnen nicht geraten haben. Sie werden sehen, dass sie gegen uns keine Chance haben, und schnell kapitulieren. Ihr Schiff ist nur mit Dreipfündern bewaffnet."

„Vielleicht reicht ein Schuss vor den Bug?"

„Guter Vorschlag! Das wird die Spanier beeindrucken und uns viel Arbeit ersparen."

Sir Francis Drake und seine Crew entern ein spanisches Schiff.

Wieder einmal hat der englische Freibeuter Sir Francis Drake (1540–1596) ein spanisches Schiff gekapert. Die Beute ist so gewaltig, dass sie kaum noch in den bereits gut gefüllten Laderäumen Platz findet. Drake und die Mannschaft der „Golden Hinde" feiern ausgelassen an Deck. Dabei werden sie den größten Teil der Beute ihrer Königin, Elisabeth I., übergeben, denn Drake ist kein gesetzloser Pirat, sondern handelt im Auftrag seiner Königin. Von Elisabeth I. (1533–1603) hat er einen Kaperbrief erhalten, und so sehen er und seine Mannschaft sich nicht als Piraten, sondern als Verteidiger Englands.

Der englische Freibeuter
Sir Francis Drake

Die Golden Hinde, das
Flaggschiff Sir Francis
Drakes

Freibeuter im Auftrag Ihrer Majestät

Francis Drake stammt aus einer Bauernfamilie und heuert mit 13 Jahren als Schiffsjunge auf einem kleinen Handelsschiff an. Der Bauernsohn lernt schnell und fühlt sich wohl an Bord. Nach nur sieben Jahren ist er Kapitän dieses Schiffes. Drake erlebt, wie sich das Verhältnis zwischen

Elisabeth I. konnte sich immer auf Sir Francis Drake verlassen.

England und Spanien zunehmend verschlechtert. Nachdem die englische Königin Elisabeth I. den Heiratsantrag des spanischen Königs abgelehnt hat, steuern beide Länder auf einen Krieg zu. Um Spanien zu schwächen, beteiligt sich auch Francis Drake ab 1570 an Kaperfahrten in die Karibik. Jede Ladung Gold aus Mittel- und Südamerika, die er erbeutet, geht dem spanischen König verloren und kommt der englischen Königin zugute. Bald sind kein spanisches Schiff und kein spanischer Hafen mehr vor ihm sicher. Dabei geht er zwar entschlossen, aber nicht brutal vor. Gefangene werden gut behandelt und schnell wieder freigelassen. Drake verdankt seinen Erfolg vor allem seiner disziplinierten Mannschaft und seinen hervorragenden Navigationskünsten.

Thema   **Kaperfahrten – legale Raubzüge**

Bis ins 19. Jahrhundert hinein waren Kaperfahrten in kriegerischen Zeiten ein Mittel, um die Kriegskassen zu füllen. Kapitäne erhielten von ihrem König oder ihrer Regierung einen Kaperbrief, der es ihnen erlaubte, feindliche Handelsschiffe zu kapern. Den Großteil der Beute mussten sie abliefern, sie durften jedoch einen Teil als sogenannte Prise für sich behalten. Wurden sie vom Gegner gefangen genommen, mussten sie aufgrund des Kaperbriefs als Soldaten, nicht aber als Piraten behandelt werden. So entgingen sie meist dem Galgen.

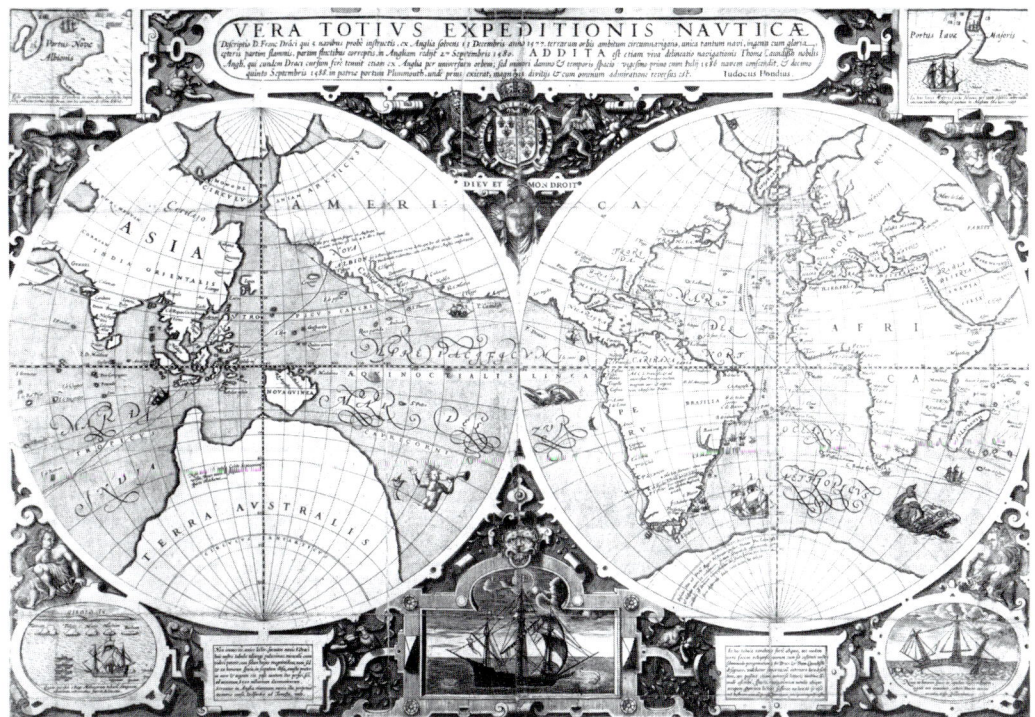

Diese Karte benutzte Francis Drake bei seiner Weltumseglung.

Auf Kaperfahrt im Pazifik

1577 bricht Drake zu einer Reise um die Welt auf. Eine derartige Fahrt hat bislang nur der Portugiese Ferdinand Magellan (um 1480–1521) unternommen. Die Reise soll dazu dienen, den geheimnisvollen Kontinent **Terra australis** zu finden und die Seekarten zu verbessern. Aber Drake erhofft sich auch eine reiche Beute. Er will spanische Schiffe kapern, die im Pazifik unterwegs sind mit Tonnen von Gold an Bord, das die Spanier von den Indianern Mittel- und Südamerikas erbeutet haben.

Drake bricht nach Westen auf und erreicht am 6. September 1578 die Spitze Südamerikas. Bewusst wählt er diesen gefährlichen Weg in den Pazifik und segelt nicht durch die Magellanstraße, die von den Spaniern kontrolliert wird. Als erster Mensch umse-

Wissen *spezial*

Was ist die Terra australis?
Der griechische Gelehrte Claudius Ptolemäus (um 100 bis um 175) vermutete weit im Süden einen unbekannten Kontinent, den er Terra australis (Südland) nannte. Erst im 17. und 18. Jahrhundert wurden tatsächlich zwei neue Kontinente entdeckt: Australien und die Antarktis.

Der Jolly Roger, die gefürchtete Flagge der Piraten

gelt Drake Kap Hoorn, die Südspitze Südamerikas. Den hier vermuteten Südkontinent findet er jedoch nicht. Dafür kann er den Verlauf der Westküste Südamerikas in seine Karten eintragen. Und er überrascht die Spanier, als er vor der Küste auftaucht und ihre Hafenstädte wie Valparaiso und Arcia überfällt. Ihre Schiffe im Pazifik haben keine Kanonen an Bord, da noch nie ein englisches Schiff in diesen Teil der Welt gelangt ist. Eine leichte Beute für Francis Drake! Mit unvorstellbaren Schätzen an Bord segelt er in westlicher Richtung weiter. Nach der Überquerung des Pazifischen und des Indischen Ozeans und der Umrundung Afrikas trifft er am 26. September 1580 wieder in England ein. Im ganzen Land wird sein Triumph gefeiert. Besonders erfreut ist Elisabeth I., die den größten Teil der Beute erhält. Sie weiß, dass Drake ihr treu ergeben ist.

Drake schlägt die Armada

Auch als der spanische König 1587 seine Armada (deutsch „bewaffnete Macht") schickt, um England zu erobern,

Durch die Kaperfahrten wurden England und seine Königin reich (Filmszene).

brafaxe Trickfilm AG | Hahn Film AG | Universal Pictures

Piraten sind auch Helden im Film (Filmszene).

setzt die Königin auf den erfahrenen Freibeuter. Sie ernennt ihn zum Vizeadmiral und lässt ihn nach Cádiz segeln, wo 80 spanische Schiffe auf neue Befehle warten. Drake hat nur 23 Schiffe, doch er kann die Spanier überraschen und 30 Schiffe versenken. Ein Jahr später, im August 1588, nähert sich die Armada der englischen Küste. Wieder kämpft Drake an vorderster Front, um die Feinde abzuwehren. Mit 34 schnellen und wendigen Schiffen manövriert er das Flaggschiff der Spanier aus und versenkt es. Dann lässt er unbemannte, brennende Schiffe auf die Armada zutreiben. Die Verluste sind groß und ein Orkan erschwert die Verteidigungsversuche der Spanier noch, sodass sie ihren Versuch, England zu erobern, aufgeben.

Im Gegensatz zu anderen Freibeutern übersteht Drake jeden Kampf und stirbt 1596 in Panama an einer Darmerkrankung. Schon zu Lebzeiten wird er als Seeheld verehrt und gilt als Wegbereiter des Aufstiegs Englands zur Seemacht.

Im Hafen einer Hanse-
stadt herrschte reges
Treiben.

Klaus Störtebeker
war der Schrecken
der Hanse (Film-
szene).

Likedeeler machen die Nordsee unsicher

Nicht nur die englische Königin Elisabeth I. setzt auf Freibeuter, um einen Krieg zu gewinnen, sondern auch die Schweden und Mecklenburger, die Ende des 14. Jahrhunderts gegen Dänemark kämp-fen. Um Dänemark zu schädigen, stel-len die mecklenburgischen Städte Rostock und Wismar Kaper-briefe aus. Bald machen zahl-reiche Schiffe in der Ostsee Jagd auf dänische Kog-gen. Manche Piraten überfal-len aber auch andere Schiffe. Zu ihnen gehören Klaus Störtebeker (um 1360–1401) und Godeke Michels (um 1360–1402). Sie haben es vor allem auf die Schiffe der **Hanse** abgesehen. Als der Krieg endet und die beiden Piraten aus der Ostsee vertrieben werden, fliehen sie in die Nordsee und setzen dort ihre Kaperfahrten fort. Doch wo finden sie sichere Häfen, um die Beute an Land zu bringen?

Ihre Wahl fällt auf Ostfriesland, wo es kei-ne Hansestadt gibt, dafür aber viele Buchten. Stör-tebeker entscheidet sich für Marienhafe. Ein ideales Versteck mit Bürgern, die den Seeräubern freundlich gesinnt sind. Denn Störtebeker überlässt ihnen einen Teil der Beute und sichert sich so ihre Unterstützung. Daher werden die Seeräuber in Ostfriesland **Likedeeler** genannt.

Störtebekers Ruhm und Ende

Fünf Jahre lang schlagen Störtebeker und Michels immer wieder zu. Vergeblich machen einzelne Kriegsschiffe Jagd auf die Piraten. Erst als sich die Hansestädte zusammenschließen und im Frühjahr 1400 eine ganze Flotte entsenden, wendet sich das Blatt. In einer Seeschlacht im Wattenmeer können die Soldaten 80 Piraten töten. Störtebeker kann zwar entkommen, wird aber ein Jahr später von der Hamburger Flotte vor Helgoland aufgespürt und mit 70 seiner Männer überwältigt. Am 20. Oktober 1401 werden Störtebeker und seine Männer vor den Toren der Stadt geköpft. Eine Legende berichtet, er habe mit dem Bürgermeister um das Leben der Männer gewettet, an denen er kopflos nach der Hinrichtung vorbeilaufen könne. Elf habe er geschafft, bevor ihm ein Henker ein Bein gestellt habe. Dennoch wurden alle Kameraden Störtebekers enthauptet.

Ein Jahr später wird auch Godeke Michels gefangen genommen und hingerichtet. Während die reichen Kaufleute aufatmen, trauern viele Ostfriesen. Denn für sie sind Störtebeker und Michels Volkshelden gewesen, die gegen die Handelsmacht der großen Hansestädte gekämpft und ihre Beute an die Armen verteilt haben.

> **Wissen** *spezial*
>
> **Was bedeutet „Likedeeler"?**
> Likedeeler ist Plattdeutsch und bedeutet „Gleichteiler". Die Piraten teilten ihre Beute untereinander zu gleichen Teilen auf. Die Likedeeler waren aber auch dafür bekannt, Teile ihrer Beute den Bürgern zu überlassen.

Nieder mit **den Waffen!**

Pocahontas kämpft für den Frieden

1607 in Virginia, USA

„Der Weiße, der mit bewaffneten Männern in unser Land eingedrungen ist, muss sterben. Werft ihn dorthin und erschlagt ihn wie einen Hasen. So soll es allen Weißen ergehen, die uns berauben wollen."

„Nein, Vater, das darfst du nicht tun!"

„Nenne mir einen Grund, meine Lieblingstochter. Dieser Mann ist unser Feind."

„Das glaube ich nicht. Er hat keinen unserer Männer getötet und sich ihnen ergeben."

„Weil er ein Feigling ist."

„Weil er mutig ist und keinen Krieg will. Auch ich will keinen

Krieg. Lass ihn bitte frei und uns anhören, was er zu sagen hat."

„Ich sehe, dir ist es ernst. Gut, löst seine Fesseln. Ich will wissen, ob sein Mund die Wahrheit spricht."

Pocahontas rettet dem englischen Kolonisten John Smith das Leben.

John Smith (1580–1631) wird nicht von den Powhatan-Indianern getötet. Häuptling Wahunsenacawh (um 1547–um 1618) schenkt ihm sein Leben. Vier Wochen lebt Smith bei den Indianern und freundet sich mit der Häuptlingstochter Pocahontas (um 1595–1617) an. Nach seiner Rückkehr in seine Siedlung Jamestown berichtet Smith von seinem Abenteuer bei den Powhatan-Indianern und von Pocahontas, der er sein Leben zu verdanken hat.

Misstrauen liegt in der Luft

John Smith sieht die Indianer nun mit anderen Augen. Sie sind keine gefährlichen Wilden mehr für ihn, sondern Menschen, die ein Recht auf ihr Leben und ihre Kultur haben. Diese Einstellung ist außergewöhnlich, denn die Indianer sind für die weißen Siedler aus England nur ein Hindernis bei der **Kolonisation** des Landes. Die Indianer wiederum sehen in den Siedlern Eroberer, die ihnen ihr Land stehlen. Die Feindschaft scheint unüberwindlich.

Smith und einige Indianer aber treffen sich nun, um mit Fellen und Werkzeugen zu handeln. Noch immer stehen sie sich feindlich gegenüber. Wenn man sich etwa nicht über den Preis der Handelsgüter einigen kann – ist ein Biberfell eine oder zwei Äxte wert? Die Stimmen werden lauter, die Waffen liegen griffbereit. Da taucht Pocahontas auf. Sie verabscheut das Blutvergießen zwischen Weißen und Indianern, das schon so vielen Menschen das

> **Wissen** *spezial*
>
> **Was ist Kolonisation?**
> Seit der Entdeckung Afrikas und Amerikas haben sich dort europäische Siedler niedergelassen, um neue Städte und Staaten zu gründen, die Kolonien genannt werden. Dabei wurde die einheimische Bevölkerung meist vertrieben, unterworfen oder sogar getötet.

Weiße Siedler unterwarfen die meist schwarze einheimische Bevölkerung in den Kolonien.

Handeln statt kämpfen: Indianer und weiße Siedler tauschten Waren aus.

Leben gekostet hat. Sie weiß, dass die Siedler sich nicht vertreiben lassen und bessere Waffen besitzen. Für sie gibt es daher nur eine Lösung: Indianer und Siedler sollen friedlich zusammenleben. Daher müssen sie sich besser kennenlernen. Der Handel bietet eine gute Gelegenheit. Obwohl es gefährlich für sie ist, sich einzumischen, tritt sie mutig zwischen die streitenden Parteien. Sie überzeugt beide Seiten davon, dass ein geglückter Handel nur Vorteile bringt, ein Streit aber tödlich enden kann. Ihre Argumente zeigen Wirkung. Die Männer einigen sich. Pocahontas gelingt es, auf diese Weise mehrfach im Streit zu vermitteln. Da sie sich auf keine Seite stellt, genießt sie bald das Vertrauen sowohl der Siedler als auch der Indianer.

Trotz ihres hohen Ansehens wird sie 1613 von den Siedlern als Geisel genommen, um einige bewaffnete Abenteurer freizupressen, die die Powhatan-Indianer gefangen genommen haben. Die Siedler behandeln sie jedoch gut, und Pocahontas nutzt die Gelegenheit, um die Kultur der

Weiße Siedler glaubten lange Zeit, Indianer seien gefährliche Wilde.

Pocahontas vermittelte
zwischen ihrem Stamm
und den weißen Siedlern
(Filmszene).

Siedler besser zu verstehen. Ein Missionar überzeugt sie sogar vom christlichen Glauben und Pocahontas lässt sich auf den Namen Rebecca taufen. Sie sieht darin eine Geste der Freundschaft und des Friedens.

In Jamestown lernt sie auch den Tabakfarmer John Rolfe (um 1585–1622) kennen, den sie 1613 heiratet. 1616 reist sie als eine Art **Diplomatin** mit ihrem Mann nach London, um dort für die Kolonie Virginia zu werben. Englische Unternehmen wollen Siedler für die Kolonien in Nordamerika als Arbeitskräfte anwerben. Dort gibt es fruchtbares Land, während die Menschen in England an Armut und Hunger leiden. Doch die Engländer fürchten sich vor den Indianern. Pocahontas versichert ihnen jedoch, dass ein friedliches Zusammenleben von Siedlern und Indianern möglich sei. Während

Wissen *spezial*

Was macht ein Diplomat?
Diplomaten sind Botschafter eines Landes, die im Auftrag ihrer Regierung mit Diplomaten anderer Länder über politische oder wirtschaftliche Fragen verhandeln und bei Konflikten versuchen, Kompromisse zu finden. Ihr Ziel ist es, gute Beziehungen zu anderen Ländern aufzubauen und zu erhalten.

ihres Besuchs wird sie wie ein Staatsgast behandelt, sogar König Jakob I. (1566–1625) von England empfängt sie. Nur das englische Klima bekommt ihr nicht. Sie wird krank und stirbt überraschend vor ihrer Heimreise. Am 21. März 1617 wird sie in dem kleinen Städtchen Gravesend bestattet, wo heute ein Denkmal an sie erinnert.

Frieden in der Welt

250 Jahre nach Pocahontas' Tod ist die Welt nicht friedlicher geworden. In den USA wütet von 1861 bis 1865 der amerikanische Bürgerkrieg. 1898 tobt der Spanisch-Amerikanische Krieg in der Karibik. In Europa stehen sich im Krimkrieg 1853 bis 1856 Russen und Türken gegenüber. Jeder Krieg bedeutet für Hunderttausende Menschen den Tod. Im Deutsch-Französischen Krieg von 1870 bis 1871 sterben 183 000 Soldaten, mehr als 200 000 werden verletzt. Moderne Waffen sorgen dafür, dass innerhalb kurzer Zeit mehr Menschen getötet werden als in früheren Kriegen.

In dieser Welt wächst die Österreicherin Bertha Gräfin Kinsky von Wchinitz und Tettau (1843–1914) auf. Sie stammt aus einer Offiziersfamilie und ist in ihrer Kindheit von

Bertha von Suttner verabscheute den Krieg.

begeisterten Anhängern von Militär und Krieg umgeben. Die Mitglieder des Adels glauben daran, dass Probleme zwischen Staaten und Völkern nur mit Waffengewalt zu lösen seien. Bertha ist jedoch völlig anderer Ansicht. Für sie ist Krieg unmenschlich, denn im Krieg verhalten sich Menschen schlimmer als Tiere. Sie wünscht sich eine Welt, in der zivilisierte Bürger ihre Konflikte friedlich lösen.

Nach ihrer Heirat mit Arthur von Suttner (1850–1902) im Jahr 1876 schlägt sie, wie ihr Mann, die schriftstellerische und journalistische Laufbahn ein. Der Krieg wird später ihr wichtigstes Thema. Im Russisch-Türkischen Krieg sterben nicht nur fast 100 000 Soldaten, sondern auch mehr als 250 000 Zivilisten. Während Arthur über den Russisch-Türkischen Krieg (1877–1878) berichtet, schreibt Bertha zunächst Erzählungen und Unterhaltungsromane. Arthurs Berichte über militärische Konflikte erschütterten Bertha jedoch und bestärken sie darin, sich gegen den Krieg zu engagieren.

Probleme lösen mit Waffengewalt.

Bertha von Suttner wird zum Symbol

Es ist die Zeit, in der die moderne Friedensbewegung entsteht. Auch Bertha beschäftigt sich mit dem Pazifismus. Sie schreibt Zeitungsartikel, in denen sie den Krieg verurteilt, und veröffentlicht 1889 einen Roman gegen den Krieg mit

Die Waffen nieder!

Eine Lebensgeschichte von

Bertha von Suttner

Volks-Ausgabe
211.–240. Tausend

Mit einem Nachwort von Adele Schreiber

Alle Rechte vorbehalten

Berlin SW 48
Verlag „Berlin-Wien"

Die Gräuel des Krieges schildert Bertha von Suttners' Roman.

dem Titel „Die Waffen nieder!". Das Buch handelt von einer Wiener Gräfin, die in vier Kriegen fast ihre gesamte Familie verliert. Alle Kriege, die der Roman schildert, haben tatsächlich stattgefunden. Die ergreifende Lebensgeschichte der Gräfin wird dadurch glaubwürdig und macht die Leser betroffen. In kurzer Zeit wird das Buch ein Bestseller und macht Bertha von Suttner international bekannt.

Geschickt nutzt Bertha diese Popularität und tritt bei **pazifistischen Versammlungen** auf. 1891 gründet sie die „Österreichische Gesellschaft für Friedensfreunde", im selben Jahr wählt sie das **Internationale Friedensbüro** zur Vizepräsidentin. Sie setzt sich für eine zivilisierte Welt ohne Waffen ein. Ihr Ziel ist die Einrichtung eines internationalen Schiedsgerichts, das Konflikte zwischen Staaten durch Verhandlungen klärt und somit Krie-

Thema   Pazifistische Versammlungen – Engagement für den Frieden

Der Pazifismus ist eine politische Grundüberzeugung, die jede Form von gewaltsamer Auseinandersetzung oder Krieg zur Lösung von Konflikten ablehnt. Konflikte zwischen Staaten und Völkern sollen friedlich durch

Verhandlungen oder internationale Gerichte geschlichtet werden. Pazifisten setzen sich auch für eine weltweite Abrüstung, also die Verringerung der Waffenbestände und Truppenstärken eines Landes, sowie Friedenskonferenzen ein, die militärische Konflikte zwischen Staaten verhindern sollen.

Ein Friedenssymbol des schwedischen Künstlers Carl Frederik Reuterswärd

ge überflüssig macht. Auch auf ihren Druck hin wird 1899 die „Erste Haager Friedenskonferenz" abgehalten, in der Vertreter von 26 Staaten über Abrüstung und Möglichkeiten verhandeln, Konflikte friedlich zu lösen. 1905 erhält sie als erste Frau den Friedensnobelpreis.

Doch trotz ihrer Anstrengungen muss sie erleben, wie die europäischen Staaten, allen voran Deutschland, England und Frankreich, ein Wettrüsten beginnen. Vor allem Deutschland ist daran interessiert, eine Großmacht zu werden. Unermüdlich warnt Bertha vor einem europäischen Krieg, denn sie ahnt, wie katastrophal die Folgen sein werden. Bertha von Suttner stirbt am 21. Juni 1914. Zwei Monate später bricht der Erste Weltkrieg aus, der mehr als 17 Millionen Menschen das Leben kosten wird, darunter sieben Millionen Zivilisten. Bis heute ist Bertha von Suttner das Vorbild der internationalen Friedensbewegung.

Wissen *spezial*

Das Internationale Friedensbüro

Die 1891 gegründete pazifistische Organisation setzte sich Ende des 19. Jahrhunderts für Friedenskonferenzen und für die Einrichtung von Schiedsgerichten ein, die Konflikte zwischen Staaten und Völkern lösen sollten. Heutiger Sitz ist in Genf.

Und die Erde
bewegt sich doch!

Tapfere Streiter für ein neues Weltbild

1609 in Padua

„Jetzt werden wir ja sehen, ob die Erfindung dieses Holländers etwas taugt. Denn es ist etwas anderes, ob man ein solches Fernrohr auf die nahen Berge richtet oder gen Himmel. Ich werde es zunächst mit dem Mond versuchen. Welch atemberaubende, facettenreiche Oberfläche! Fürwahr, dieses Fernrohr ist der Schlüssel zum Himmel. Wie viel mehr man damit sieht als mit dem bloßen Auge. Auf dem Mond scheint es regelrechte Landschaften zu geben, mit Bergen, Tälern und Abgründen. Alle bisherigen Astronomen haben sich geirrt. Der Mond ist alles andere als eine perfekte Kugel. Ich werde genaue Zeichnungen anfertigen und so meine Beobachtungen festhalten. Und ich werde sie veröffentlichen. Denn die Menschen müssen erfahren, wie der Himmel über ihren Köpfen beschaffen ist!"

Galilei richtet zum ersten Mal sein Fernrohr auf den nächtlichen Sternenhimmel.

Immer wieder richtet Galileo Galilei (1564–1642) sein selbst gebautes Teleskop auf den nächtlichen Sternenhimmel. Erst kurz zuvor wurde dieses fantastische Instrument, das aus zwei hintereinander angebrachten Linsen besteht, von dem Holländer Johannes Lipperhey (1570–1619) erfunden. Meilenweit kann man damit in die Ferne sehen. Galilei ist der Erste, der es wagt, das Teleskop auf den Mond, die Planeten und die Sterne zu richten. Und er sieht, was noch kein Mensch zuvor gesehen hat. Nach dem Mond betrachtet er die **Milchstraße** und stellt erstaunt fest, dass sie kein heller Nebelstreifen ist, sondern aus unzähligen Sternen besteht. Auch die Planeten betrachtet er. Mars und Jupiter sind keine leuchtenden Sterne, sondern farbige, kreisrunde Gebilde. Er entdeckt vier kleine Scheiben, die sich um den Jupiter drehen, die später die galileischen Monde genannt werden. Der Mathematiker, Physiker und Astronom aus Pisa reibt sich die Augen. Galilei kann gar nicht genug bekommen von den neuen Eindrücken der fernen, bislang unbekannten Welten.

Io, Europa, Ganymed und Kallisto – die vier galileischen Monde

Die Bibel und die Bewegung der Erde

In der Chronik des Alten Testaments heißt es über Gott: „Es fürchte ihn alle Welt; er hat den Erdboden bereitet, dass er nicht bewegt wird." Auf diese Stelle stützte sich die Kirche lange Zeit: Wer die unbewegte Erde infrage stellte, stellte auch Gott infrage.

Der griechische Astronom Claudius Ptolemäus beobachtete die Sterne.

In der Mitte steht die Sonne

Für seine Mitmenschen hingegen ist der Himmel eine Art durchsichtige Kugel aus vielen Schalen, die die Erde umgibt. Auf den verschiedenen Schalen kreisen die Sterne, die Sonne, die Planeten und der Mond um die Erde. Die Vorstellung, dass die Erde den Mittelpunkt des Universums bildet, hat schon der griechische Astronom Claudius Ptolemäus (um 100 – um 175) vertreten. Galileo Galilei aber hat Zweifel an diesem Weltbild. Er hat das Buch „Von den Umdrehungen der Himmelskörper" von Nikolaus Kopernikus (1473–1543) studiert. Der deutsch-polnische Astronom widerspricht darin dem sogenannten geozentrischen Weltbild und vertritt die Ansicht, dass die Erde und die anderen Planeten um die Sonne kreisen. Ein Anhänger dieses neuen, heliozentrisch genannten Weltbilds ist auch der

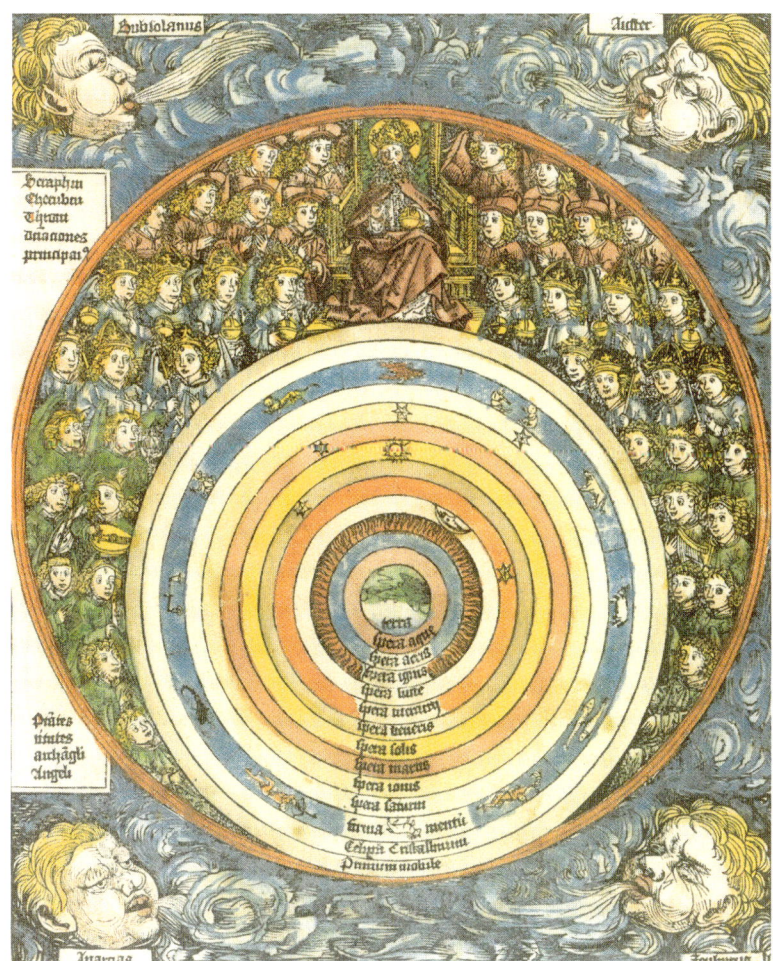

Lange Zeit lehrte die Kirche, dass die Erde den Mittelpunkt des Universums darstelle.

Astronom Johannes Kepler (1571–1630). Schon wenige Blicke durch das Teleskop genügen Galilei, um zu sehen, dass Kopernikus und Kepler mit ihren Berechnungen recht haben. Die jahrhundertealte Vorstellung, die auch von der katholischen Kirche vertreten wird, dass die Erde der Mittelpunkt des Universums ist, entspricht nicht der Wirklichkeit.

Galilei ist fasziniert von seinen Entdeckungen und will sie sofort der Welt mitteilen. Doch in seiner Begeisterung vergisst Galilei, dass seine Entdeckung gefährliche Folgen haben könnte. Denn seine Beobachtungen widersprechen der **Bibel** und der Lehre der katholischen Kirche. Galilei sieht sich dennoch nicht in Gefahr, denn mit Papst Urban VIII. (1568–1644) war er schon befreundet, als dieser noch Kardinal war. Doch der Astronom täuscht sich. 1632 wird er von der Inquisition nach Rom geladen. Während der Verhandlung wird ihm klar, dass ihm der Tod auf dem Scheiterhaufen droht. Immer mehr setzen ihm die Kardinäle mit ihren Fragen zu. Schließlich sieht Galilei nur noch einen Ausweg: Er bekennt öffentlich, dass er sich geirrt habe und die Erde sich nicht um die Sonne bewege. So entgeht er der Todesstrafe und wird nur zu lebenslangem Hausarrest verurteilt. Auf dem Weg aus dem Verhandlungsraum soll er jedoch Freunden zugeflüstert haben: „Und sie bewegt sich doch!"

Galilei ist verurteilt, doch seine Bücher sowie die von Kopernikus und Kepler werden längst von anderen Astronomen gelesen. Auch sie bauen Teleskope, die von Jahr zu

Die Inquisition prüft den Glauben

Die katholische Kirche ging im Mittelalter streng mit denjenigen Gläubigen um, die von den Glaubensinhalten, die die Kirche lehrte, abwichen. Diese sogenannten Ketzer wurden verfolgt und verhört, um ihren Glauben zu überprüfen. Das nannte man Inquisition. Oft ließen die Inquisitoren den Verdächtigen foltern, um ein Geständnis zu erzwingen. Wer nicht widerrief und für schuldig befunden wurde, verlor seine Habe, wurde zu Kerkerhaft verurteilt, verbannt oder sogar auf dem Scheiterhaufen verbrannt.

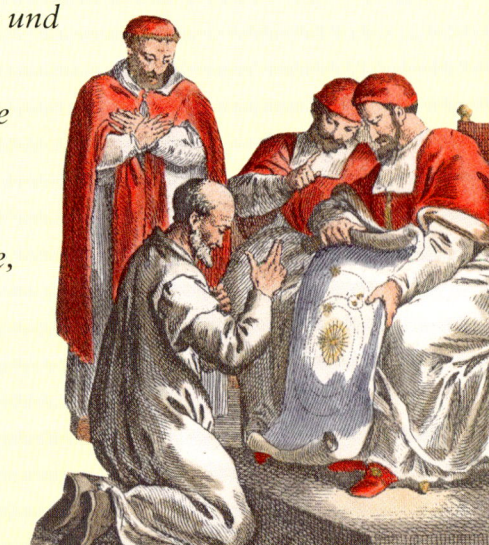

Zu Luthers Zeiten konnten Menschen sich von ihren Sündenstrafen freikaufen.

Jahr besser werden. Die Kunde vom neuen, heliozentrischen Weltbild ist nicht mehr aufzuhalten und wird bald von immer mehr Gelehrten geteilt. Auch in der Kirche setzt sich mit der Zeit diese Erkenntnis durch und führt zu der Einsicht, dass die Bibel nicht wörtlich zu verstehen sei. So hat Galileo Galilei mit seinen Teleskopen nicht nur das Weltbild der Naturwissenschaften verändert, sondern auch die Sichtweise der Kirche auf die Bibel.

Luther fordert eine neue Kirche

Eine neue Sichtweise auf die Heilige Schrift fordert auch ein Mönch aus Sachsen. Martin Luther (1483–1546), Professor für Theologie an der Universität Wittenberg, sitzt 1515 in seinem Arbeitszimmer im Turm des Augustinerklosters und denkt über das Verhältnis von Gott und Mensch nach. Kann der Mensch durch sein Handeln die Gnade Gottes erlangen? Kann er sich gar von seinen Sünden freikaufen, wie es die katholische Kirche mit dem **Ablasshandel** praktiziert? Immer wieder vertieft sich Luther in die Bibel und hat schließlich

Wissen *spezial*

Was wurde beim Ablass gehandelt?
Ablass ist ein Gnadenakt der katholischen Kirche, der einem Sünder Strafen auf Erden oder im Fegefeuer der Hölle erlässt. Zu Luthers Zeiten konnten Sünder Ablassbriefe der Kirche erwerben und sich so von ihren Strafen freikaufen.

Martin Luther schlägt seine 95 Thesen an die Tür der Kirche von Wittenberg (Filmszene).

eine Erleuchtung: Nicht die Leistungen des Menschen oder gar Geldspenden bewirken Gottes Gnade und Anerkennung, sondern allein der Glaube. Luther ist dankbar für diese Eingebung. Dennoch weiß er, dass es nicht leicht sein wird, diese neue Sichtweise zu vertreten.

Im Herbst 1517 fasst Luther seine Gedanken in 95 Thesen zusammen und schlägt sie am 31. Oktober an die Tür der Schlosskirche in Wittenberg. Seine Thesen erregen so viel Aufsehen, dass Luther ein Jahr später vor den Reichstag in Augsburg geladen wird. Er wird der Ketzerei beschuldigt, da seine Überzeugungen von den Glaubenssätzen der Kirche abweichen. Energisch verteidigt er vor der Versammlung der Fürsten seine Kritik an der Kirche. Am Ende muss er fliehen, um nicht verhaftet zu werden. Der sächsische Kurfürst Friedrich III. (1463–1525) gewährt ihm Schutz. Und Luther gibt nicht auf. Er verfasst weitere Schriften, in denen er seine Überzeugungen standhaft vertritt. In der Schrift „Von der Freiheit eines Christenmenschen" von 1520 erklärt er, dass sich kein Christ einer Ordnung zu unterwerfen habe, die ihm von der Kirche auferlegt wird. Für Luther sind alle Christen gleich und frei im Glauben. Nicht die Kirche soll ihnen Vorschriften machen, sondern die Bibel ist der einzige Maßstab für ihr Handeln. Diese Aussagen stellen die katholische Lehre radikal infrage. Luther wird mit dem Kirchenbann belegt, er wird aus der Kirche ausgeschlossen. Außerdem wird er 1521 vor den Reichstag nach Worms geladen und muss sich erneut rechtfertigen. Doch Luther nimmt seinen ganzen Mut zusammen und widerruft seine Thesen nicht. Er beruft sich auf die Bibel und auf sein Gewissen: „Daher kann und will ich nicht widerrufen."

> **Wissen spezial**
>
> **Gutenberg und der Buchdruck**
> Vor Gutenbergs Erfindung wurden ganze Buchseiten aus Holzplatten herausgeschnitten und gedruckt. Gutenberg fertigte 1452 erstmals einzelne Metallstempel zum Drucken von Buchstaben und Satzzeichen, aus denen die Seiten zusammengesetzt wurden.

Die Bibel ist für alle da

Der Reichstag erklärt Luther daraufhin für vogelfrei. Jeder kann ihn nun straflos töten. Wieder setzt sich Friedrich III. für ihn ein und lässt ihn heimlich auf die Wartburg in der Nähe von Eisenach in Thüringen bringen. Dort lebt Luther 1521 und übersetzt die Bibel ins Deutsche. Künftig soll jeder Christ in der Lage sein, die Bibel selbst zu lesen. Bislang können dies nur Theologen und Gebildete, die Latein beherrschen. Dank des von Johannes Gutenberg (1400–1468) weiterentwickelten **Buchdrucks** findet Luthers deutsche Bibel schnell weite Verbreitung. Und mit ihr die deutsche Sprache, die nun zunehmend anstelle des Lateinischen für die Abfassung von Verträgen oder wissenschaftlichen Schriften – und auch in der Kirche – verwendet wird. Luthers Versuch, die Kirche zu erneuern – zu reformieren –, führt schließlich zur Entstehung einer neuen christlichen Kirche. Wir nennen sie protestantische Kirche. Die Reformation verändert ganz Europa. Längst ist Luthers Wirken auch von der katholischen Kirche anerkannt.

Luther übersetzte die Bibel ins Deutsche.

Brot für **das Volk**

Danton fordert eine gerechte Gesellschaft

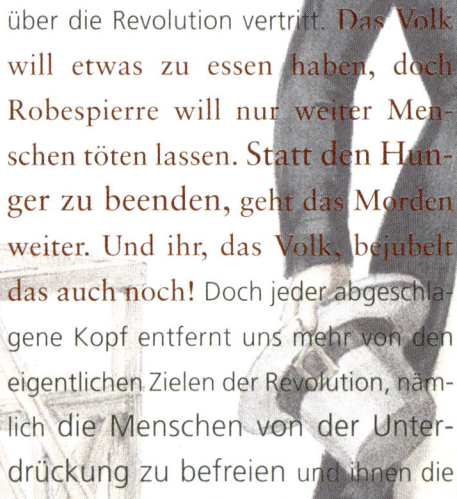

1794 in Paris

„Die Revolution hat viel erreicht und die Herrschaft des Königs, die Herrschaft des Adels und der Kirche gebrochen. Doch nun sehe ich eine neue Gefahr für Frankreich, die Gefahr einer Diktatur Robespierres und seiner Henker, die jeden mit der Guillotine hinrichten lassen, der nicht ihre Ansichten über die Revolution vertritt. Das Volk will etwas zu essen haben, doch Robespierre will nur weiter Menschen töten lassen. Statt den Hunger zu beenden, geht das Morden weiter. Und ihr, das Volk, bejubelt das auch noch! Doch jeder abgeschlagene Kopf entfernt uns mehr von den eigentlichen Zielen der Revolution, nämlich die Menschen von der Unterdrückung zu befreien und ihnen die Menschenrechte zu geben. Die Fußstapfen der Freiheit haben sich in Gräber verwandelt!"

Georges Danton fordert das Ende der Schreckensherrschaft Robespierres.

Am 3. April 1794 steht Georges Jacques Danton (1759–1794) in Paris vor Gericht. Verzweifelt versucht er, das Volk und seine Ankläger davon zu überzeugen, dass die Französische Revolution den falschen Weg eingeschlagen hat. Anstatt das ursprüngliche Ziel zu verfolgen, einen gerechten Staat aufzubauen und dem Not leidenden Volk zu helfen, lässt die Revolutionsregierung weiter Tausende Menschen sinnlos hinrichten. Danton weiß, dass auch er sein Leben auf der Guillotine verlieren wird. Doch er will die Ziele der **Revolution** retten, für die er so lange gekämpft hat.

> ## Wissen *spezial*
>
> **Was ist eine Revolution?**
> Eine Revolution ist eine gewaltsame Änderung der politischen oder gesellschaftlichen Ordnung. Sie wird in der Regel von Teilen der Bevölkerung getragen, die in den bestehenden Verhältnissen wirtschaftlich oder politisch benachteiligt sind.

Gleichheit, Freiheit, Brüderlichkeit

Im 18. Jahrhundert ist Frankreich noch eine Monarchie. Der König herrscht mit fast uneingeschränkter Macht. Er sieht sich als von Gott in sein Amt eingesetzt. Die Vertreter der Kirche unterstützen diese Auffassung, ebenso der französische Adel. Neben diesen ersten beiden Ständen, die einen geringen Teil der Bevölkerung ausmachen, gibt es aber noch den dritten Stand: das Volk. Zu ihm zählen die Bürger und die Bauern. Sie machen den größten Teil der Gesellschaft aus. Der dritte Stand muss Steuern zahlen, hat jedoch kaum Rechte oder Möglichkeiten, politischen Einfluss auszuüben. Bürger und Bauern tragen harte Lasten, während König Ludwig XVI. und der Adel ein prunkvolles Leben führen und rauschende Feste feiern.

Die Abgaben an den ersten und zweiten Stand erdrücken die Bauern.

Ludwig XVI. und seine Frau Marie Antoinette führten ein prunkvolles Leben (Filmszene).

Die Bürger aber gewinnen im Laufe des 18. Jahrhunderts immer mehr wirtschaftliche Macht, da sie erfolgreich Handel treiben. Gleichzeitig begeistern sie sich für die neuen Ideen der Aufklärung, die von der Freiheit und Gleichheit aller Menschen künden und die Umsetzung der **Menschenrechte** fordern. Die Aufklärer lehnen die „gottgewollte" Herrschaft des Königs und die Ständeordnung ab.

Als aufgrund von Missernten 1789 das Brot täglich teurer wird und eine Hungersnot droht, gleichzeitig aber die Steuern erhöht werden, verweigern viele Bürger dem König die Gefolgschaft. Sie fordern die Auflösung der

Thema   Menschenrechte – Alle Menschen sind gleich

Bis zur Epoche der Aufklärung wurden viele Menschen aufgrund ihrer Herkunft und Geburt, ihres Geschlechts, ihres Vermögens, ihrer Religion oder ihrer Hautfarbe benachteiligt. Die Philosophen der Aufklärung entwickelten die Idee, dass alle Menschen von Natur aus gleich sind und die gleichen Rechte auf Leben, Gesundheit, Freiheit, Gleichheit vor dem Gesetz und Meinungsfreiheit besitzen. Diese allgemeinen Menschenrechte wurden in die französische Verfassung von 1789 aufgenommen. Heute sind sie Bestandteil der Verfassungen aller freiheitlich-demokratischen Staaten, also auch der deutschen, der österreichischen und der Schweizer Verfassung.

Monarchie und die Errichtung einer **Republik**. In Paris kommt es zum Aufstand. Unter dem Motto „Freiheit, Gleichheit, Brüderlichkeit" stürmen aufgebrachte Bürger am 14. Juli 1789 die Bastille, das Staatgefängnis. Die Revolution beginnt.

Doch schon bald verlieren die Revolutionäre die anfänglichen Ziele der Revolution aus den Augen. 1793 wird der Wohlfahrtsausschuss gegründet, der gegen politische Gegner vorgehen soll. An seiner Spitze steht Maximilien de Robespierre (1758 1794). Rücksichtslos lässt er jeden, der in den Verdacht gerät, ein Feind der Revolution zu sein, ohne fairen Prozess auf der Guillotine köpfen. Monat für Monat werden Tausende von Adeligen und Bürgern hingerichtet. Auch König Ludwig XVI. und seine Frau Antoinette werden 1793 öffentlich enthauptet.

Das aufgebrachte Volk lehnte sich gegen Unterdrückung und Ausbeutung auf.

Wissen *spezial*

Republik – die Sache des Volkes

Im Gegensatz zur Monarchie, in der die gesamte Macht des Staates auf eine einzelne Person vereint war wie etwa den König in Frankreich oder den Zaren in Russland, liegt bei der Republik die Staatsgewalt beim Volk.

Danton – Kampf für die Belange des Volkes

Dem Volk nützt Robespierres Schreckensherrschaft kaum. Nach wie vor herrscht Hunger unter den Menschen des ehemaligen dritten Standes. Für diese Menschen setzt sich Danton ein, denn er kennt ihre Situation gut. Der Rechtsanwalt stammt aus einer einfachen Bürgerfamilie. Als die Französische Revolution ausbricht, ist er begeistert und wird 1792 Justizminister der neuen Regierung. Wie andere Revolutionäre befürwortet er die Todesurteile gegen Adelige und die Königsfamilie. Zu lange haben sie das Volk unterdrückt und ausgebeutet. Doch 1793, vier Jahre nach Ausbruch der Revolution, hält Danton die politischen Ziele der Revolution für erreicht. Anstelle des Königs regiert nun der vom Volk gewählte Nationalkonvent. Für alle Bürger gelten dieselben Rechte und Gleichheit vor dem Gesetz. Danton will nun die wirtschaftliche Lage des Volkes verbessern.

Wie viele andere verlor auch Robespierre sein Leben durch die Guillotine.

Das macht ihn zu einem Gegner der radikalen Revolutionäre in der Regierung, denn sie haben noch unzählige Menschen auf ihren Todeslisten. Am 30. März 1794 wird Danton verhaftet und sechs Tage später hingerichtet. Robespierre setzt seinen Terror fort. Doch da er schließlich beinahe alle Revolutionäre verdächtigt, wird er drei Monate später selbst verhaftet und hingerichtet. Mit seinem Tod endet auch die Schreckensherrschaft, ganz so, wie es Danton gewollt hatte. Aufgrund seiner gemäßigten Einstellung ist Danton zum Vorbild anderer

Revolutionäre und Freiheitskämpfer geworden. Denn er hat für die Beseitigung der Monarchie und für die Interessen des einfachen Volkes gekämpft. Anderen Revolutionären wie Robespierre dagegen ging es nur um Macht. Sie wollten die Alleinherrschaft des Königs durch ihre eigene Alleinherrschaft ersetzen. Daher waren sie für Danton die eigentlichen Feinde der Revolution.

Rosa Luxemburg kämpft für die Arbeiter

Der Kampf für die Rechte des einfachen Volkes ist auch die Sache der polnischen Revolutionärin Rosa Luxemburg (1871–1919). Obwohl ihre Familie wohlhabend ist und sie behütet aufwächst, erkennt sie schon früh die Armut und die rechtlose Lage der Arbeiter in den Fabriken. Für einen geringen Lohn müssen sie an sechs Tagen pro Woche mehr als zehn Stunden am Tag arbeiten. Sie haben weder Kranken- noch Arbeitslosenversicherung und bekommen im Alter auch keine Rente. Die Fabrikbesitzer jedoch, die die Arbeiter ausbeuten, werden immer reicher.

Rosa Luxemburg kämpfte gegen die Ausbeutung der Arbeiter.

Nach dem Abitur studiert sie in Zürich Geschichte, Politik und weitere Fächer und macht 1897 ihren Doktor. 1899 zieht Rosa Luxemburg nach Berlin und wird Mitglied der Sozialdemokratischen Partei Deutschlands (SPD), die vor allem die Lebens- und Arbeitsbedingungen der Arbeiter verbessern will. Sie hält viele Reden und schreibt Artikel für Parteizeitungen. 1917 erfährt sie von der Oktoberrevolution in Russland. Die Kommunistische Partei hat den russischen Zaren gestürzt und errichtet den ersten kommunistischen Staat in Europa, der ab 1922 Sowjetunion heißen wird. Rosa Luxemburg ist begeistert. Denn der **Kommunismus** setzt sich unter anderem für eine Gesellschaft ein, in der nicht mehr wenige Fabrikbesitzer reich werden, indem sie ihre Arbeiter ausbeuten, sondern der Gewinn aus der Produktion der Fabriken unter allen Arbeitern gerecht aufgeteilt wird. Nach dem Ende des Ersten Weltkriegs (1914–1918) sieht Rosa Luxemburg auch in Deutschland die Chance, einen solchen sozialistischen Arbeiterstaat zu errichten. Sie gründet mit anderen die Kommunistische Partei Deutschlands (KPD). Für ihre ehemalige Partei, die SPD, die mittlerweile in Deutschland an der Macht ist, wird sie dadurch jedoch gefährlich. Die Errichtung eines solchen Staates bedeutet eine grundlegende Veränderung der politischen und gesellschaftlichen Ordnung, die einer Revolution gleichkommt. Am 15. Januar 1919 wird Rosa Luxemburg in Berlin von einem Mordkommando erschossen. Der Fall wird untersucht, jedoch keiner der Täter jemals verurteilt.

Rosa Luxemburg geht als aufrichtige Revolutionärin in die Geschichte ein, die sich gegen Krieg und Gewalt und für die freie Meinungsäußerung eingesetzt hat. Sie war eine erklärte Gegnerin der damals allgemein üblichen Todesstrafe. Obwohl sie Kommunistin war, ist sie den Kommunisten in der Sowjetunion und lange nach ihrem Tod auch in der Deutschen Demokratischen Republik (DDR) stets ein Dorn im Auge gewesen. Denn schon früh hat sie gewarnt, dass die eigentlich für das Volk

Wissen *spezial*

Was will der Kommunismus?

Der Kommunismus wurde u. a. von dem deutschen Philosophen Karl Marx begründet. Er ist eine politische Lehre, die eine Gesellschaft ohne soziale Unterschiede fordert. Fabriken, Maschinen oder landwirtschaftliche Nutzflächen gehören nicht einzelnen Unternehmern, sondern dem Volk, das den Gewinn aus der Produktion gerecht unter sich aufteilt.

gedachten Ziele der kommunistischen Revolution schnell in eine Alleinherrschaft der Kommunistischen Partei umschlagen können, in der das Volk wieder unterdrückt

wird und rechtlos ist. Eine Herrschaft gegen die Mehrheit des Volkes, wie sie in der Sowjetunion und in der DDR Wirklichkeit geworden ist, war für sie undenkbar. Den russischen Revolutionsführer Lenin (1870–1924), den sie in London kennenlernte, hat sie ermahnt: „Freiheit nur für die Anhänger der Regierung, nur für Mitglieder einer Partei, ist keine Freiheit. Freiheit ist immer Freiheit des Andersdenkenden." Selbstverständlich war dieses Zitat in der DDR verboten. Es durfte weder gedruckt werden noch auf Spruchbändern erscheinen.

Noch heute ist die Revolutionärin für viele Menschen ein Vorbild.

Pfiffige **Helden**

Tom Sawyer hat seine eigenen Tricks

1875 in Hartfort, USA

„**W**ie könnte mein Tom Sawyer aussehen? Am besten so wie ich. Ja, er könnte überhaupt sein, wie ich als Junge war.

Auch die Abenteuer, die er erlebt, könnten meine eigenen sein. Oder auch die meiner Schulfreunde John Briggs and Will Bowen. Mein Held wird ein bisschen wie wir drei, ich nehme von jedem etwas. Dadurch wird Tom Sawyer zu einer Figur, die tatsächlich gelebt haben könnte. Die Schule mag er nicht, genau wie ich. Dafür liebt er die Schatzsuche und das Schwimmen im Fluss. Das tägliche Waschen aber kann er nicht leiden. Ja, genau so soll er sein, mein Tom."

Mark Twain erfindet die Hauptfigur für seinen Roman „Die Abenteuer des Tom Sawyer".

D er Journalist und Schriftsteller Samuel Langhorne Clemens (1835–1910) sitzt an seinem Schreibtisch in Hartfort, der Hauptstadt des amerikanischen Bundesstaates Connecticut, und überlegt, welche spannenden Abenteuer sein Held Tom Sawyer erleben könnte. Clemens veröffentlicht seine Bücher übrigens nicht unter seinem eigentlichen Namen, sondern nennt sich Mark Twain. Sein Roman um Tom Sawyer und Huckleberry Finn spielt am Ufer des Mississippi, den Mark Twain wie seine Westentasche kennt, denn dort ist er aufgewachsen. Tatsächlich hat Mark Twain nur wenige der Abenteuer erfunden, die meisten hat er tatsächlich selbst erlebt.

Mark Twain arbeitete als Steuermann auf einem Raddampfer.

Tom Sawyer, der ungewöhnliche Held

Mark Twains Roman „Die Abenteuer des Tom Sawyer" ist keines der erzieherischen Jugendbücher, von denen es im 19. Jahrhundert etliche gibt und die nur brave Jungen und artige Mädchen als Vorbilder haben. Ihr Ziel ist es, Kinder zu Folgsamkeit, Disziplin, Fleiß und gutem Benehmen anzuhalten. Der Waisenjunge Tom ist ganz anders. Er lebt zusammen mit seinem Halbbruder Sid, einem fleißigen Musterknaben, bei seiner Tante Polly in dem Städtchen St. Petersburg in Missouri. Zur Schule geht Tom überhaupt nicht gerne, viel lieber trifft er sich mit seinem Freund Huckleberry Finn. Der wohnt in einer Tonne, lebt in den Tag hinein und führt ein einfaches Leben als Außenseiter. Tom wünscht sich, genauso leben zu können wie sein Freund – doch das lässt

Tom Sawyer lässt keinen Streich aus (Filmszene).

Mark Twains Haus in Hartford, Connecticut

Tante Polly nicht zu. Ein bisschen gelingt es ihm aber doch, denn unversehens geraten die beiden Freunde immer wieder in abenteuerliche Situationen. Als Tom und Huck eines Tages einen Mord beobachten, soll der zu Unrecht beschuldigte Sargtischler Muff Potter am Galgen sterben. Doch den beiden Jungen gelingt es, Indianer-Joe, den wahren Mörder, zu überführen und ihm auch noch einen Schatz abzujagen. Ein anderes Mal verbringen sie als „Piraten" einige Tage auf einer einsamen Flussinsel und genießen das Nichtstun. Erst als man sie für tot hält, kehren sie nach St. Petersburg zurück.

Tom ist ein ausgezeichneter Lügner und ein cleverer Bursche, der seine Tante ebenso oft hinters Licht führt wie seine Schulkameraden. So hat er eines Tages eine großartige Idee, als er den Bretterzaun vor dem Haus streichen soll: Da er dazu wenig Lust hat, spielt er vorbeikommenden Jungen vor, die Arbeit würde ihm riesigen Spaß bereiten. Der Trick gelingt. Die Jungen bezahlen ihn am Ende sogar dafür, auch einmal den Pinsel schwingen zu dürfen.

Der Roman „Tom Sawyers Abenteuer" erscheint 1876 das erste Mal und ist zunächst kein Erfolg. Viele

Eltern halten den Helden Tom für einen Nichtsnutz. Sie sehen in ihm ein schlechtes und gefährliches Vorbild für ihre Kinder. Ein Junge, der gern faulenzt, die Schule schwänzt, lügt, sich herumtreibt und nur Streiche im Kopf hat, darf kein Held für heranwachsende Menschen sein. Viele Verlage kürzen und verändern den Text des Buchs daraufhin, um Tom artiger erscheinen zu lassen. Erst im Laufe der Zeit erkennen die Erwachsenen, dass **Mark Twain** mit Tom Sawyer einen glaubhaften Helden erfunden hat, der auf seine Art doch als Vorbild dienen kann. Denn er lügt nur, weil er seine Freiheit liebt, er ist ein sehr zuverlässiger Freund, der anderen Menschen hilft, er setzt sich für die Gerechtigkeit ein und zeigt auch Verantwortung. Und nicht zuletzt macht die Geschichte viel Spaß beim Lesen.

Astrid Lindgren, die Erfinderin von Pippi Langstrumpf, wurde im schwedischen Vimmerby geboren.

Astrid Lindgrens starkes Mädchen

Was Tom Sawyer an Huckleberry Finn bewundert, macht noch eine andere Kinderheldin berühmt. Sie schwänzt nicht nur die Schule, erfindet die „Plutimikation" und spielt den Erwachsenen Streiche, sondern sie lebt ganz allein mit Pferd und Affe ohne

Auch im Film ist Pippi
Langstrumpf zu sehen.

Eltern oder Verwandte, die sich um sie kümmern. Erfunden hat sie im Winter 1941 die schwedische Schriftstellerin Astrid Lindgren (1907–2002), als ihre Tochter Karin mit einer Lungenentzündung im Bett liegt. Eines Tages sagt sie zu ihrer Mutter: „Erzähl mir was von Pippi Langstrumpf." Und Astrid Lindgren erfindet für ihre kranke Tochter eine Geschichte, die zu diesem ungewöhnlichen Namen passt. Pippi ist neun Jahre alt und lebt allein mit Pferd und Affe in der Villa Kunterbunt. Sie geht nicht zur Schule, hat einen Koffer voller Geld und lässt sich jeden Tag neue Streiche einfallen. Als stärkstes Mädchen der Welt hat sie auch niemals Angst. Begleitet wird sie bei ihren Abenteuern von den Nachbarskindern Tommy und Annika, mit denen sie die Krummelus schluckt – eine Wunderpille, die Kinder daran hindert, erwachsen zu werden.

Wissen spezial

Was ist Sozialismus?

Der Sozialismus fordert eine Gesellschaft, in der Gleichheit aller Menschen herrscht und kein Mensch ausgebeutet wird. Die persönliche Freiheit und die freie Entfaltung der Persönlichkeit waren weniger wichtig als die Interessen der Gesellschaft.

Zunächst wird das Buch von den Verlagen abgelehnt, die Pippi zu widerborstig und frech finden. Doch dann erobert es die Welt. 1949 erscheint es in der Bundesrepublik Deutschland, jedoch nicht in der Deutschen Demokratischen Republik (DDR). Die Behörden dort sehen in Pippi eine Figur, die gegen den **Sozialismus** ist, die herrschende politische Lehre in der DDR. Denn Pippi fügt sich nicht in eine feste gesellschaftliche Ordnung ein, sondern lebt frei und selbstbewusst nach ihren eigenen Regeln. In den Augen der Behörden der DDR ist sie eine **Anarchistin**. Erst 1975 erscheint daher in der DDR eine stark gekürzte Ausgabe der Abenteuer von „Pippi Langstrumpf".

Warum lieben Kinder Pippi Langstrumpf? Genau aus dem Grund, weshalb sie in der DDR verboten wird. Weil sie ein selbstbewusstes Kind ist und sich gegen die herrschenden Regeln der Erwachsenen auflehnt. So machen es auch Huckleberry Finn oder Tom Sawyer oder andere Romanfiguren von Astrid Lindgren wie Karlsson vom Dach oder Ronja Räubertochter. Sie wollen ihr Leben selbst bestimmen und

> **Wissen *spezial***
>
> **Was ist Anarchismus?**
> Anarchismus ist eine philosophische Einstellung, die jede Form von Herrschaft, jegliche staatliche Ordnung und jegliche Beeinflussung des Lebens durch Regeln und Gesetze ablehnt und die schrankenlose Freiheit für jeden Menschen fordert.

Bis heute ist Pippi das Vorbild vieler.

sich nicht bevormunden lassen. Sie wehren sich gegen eine von Erwachsenen aufgestellte Ordnung und eine strenge Erziehung, die ihre Wünsche und Vorstellungen nicht berücksichtigt. Astrid Lindgren hat sich ein Leben lang mit der Welt beschäftigt, in der sich Kinder wohlfühlen könnten. Als sie mit ihren Romanen weltweit Erfolge feiert, nutzt sie ihre Bekanntheit auch, um sich für die **Rechte der Kinder** und die Menschenrechte einzusetzen.

Emil und die Detektive

Ein zwölfjähriger Junge als Detektiv in einem Krimi? Das hat es bis zum Jahr 1929 noch gar nicht gegeben. Die Leser stürzen sich auf den ungewöhnlichen Helden, der schnell weltberühmt und in 59 Sprachen übersetzt wird. Erfunden hat ihn der aus Dresden stammende Journalist und Schriftsteller Erich Kästner (1899–1974). Sein Held heißt Emil

Thema **Kinder haben Rechte**

Im Jahr 1989 wurde von der Generalversammlung der Vereinten Nationen die sogenannte Kinderrechtskonvention verabschiedet. Bis heute haben 193 Staaten diesen Vertrag unterzeichnet und verpflichten sich damit, Kindern zehn Grundrechte zu garantieren. Zu diesen Rechten zählen etwa die Rechte auf Gleichheit, auf Gesundheit, auf Bildung, auf Spiel und Freizeit, auf freie Meinungsäußerung, auf gewaltfreie Erziehung, auf Schutz vor Ausbeutung, auf elterliche Fürsorge, auf Betreuung bei Behinderung.

Emil Tischbein und Pony Hütchen sind dem Dieb auf den Fersen (Film-szene).

Tischbein und ist die Hauptfigur in „Emil und die Detekti-ve". In der Geschichte bekommt der Held es mit dem Trick-betrüger Grundeis zu tun. Der stiehlt Emil während einer Bahnfahrt nach Berlin Geld, das der Junge seiner Oma brin-gen soll. Zusammen mit seiner Kusine Pony Hütchen, Gustav mit der Hupe und anderen Berliner Kindern kann Emil den Dieb aber verfolgen und schließlich der Polizei übergeben. Die Kinder gehen dabei vor wie richtige Detektive. Geschickt observieren sie den Dieb rund um die Uhr und bleiben ihm unauffällig auf den Fersen. Gegen Emil und seine Detektive hat der gerissene Dieb am Ende keine Chance.

Anders als Tom Sawyer und Pippi Langstrumpf lehnen Emil und seine Freunde sich nicht gegen die Regeln der Erwachsenen auf. Im Gegenteil: Sie über-nehmen geschickt die Rolle der Detektive und über-flügeln die Erwachsenen noch. Sie sind erfolgreich, weil sie in einer schwierigen Situation Hilfsbereitschaft und Team-geist zeigen. Bis heute sind sie Vorbilder für andere Kinder.

„Emil und die Detektive" auf Arabisch

Mit Scharfsinn auf Verbrecherjagd

Detektiv Sherlock Holmes löst jeden Fall

1886 in England

„Wie soll ich meinen Detektiv nennen? Holmes wäre ein guter Nachname. Und der Vorname? Er sollte außergewöhnlich sein. Sherlock, ja, das klingt interessant. Sherlock Holmes. Sherlock Holmes soll anders sein als alle Detektive, die es bisher gab. Ein moderner Kriminalist, der mit wissenschaftlichen Methoden arbeitet. In seiner Wohnung gibt es ein Chemielabor, in dem er Gifte, Zigarettenasche oder Erdkrümel analysieren kann.

Seine Fälle löst er mit seinem messerscharfen Verstand, seiner meisterhaften Beobachtungsgabe und Kombinationsvermögen. Widersprüchlich scheinende Spuren und Details, die die Polizei übersehen hat, fügt er zu einem Bild zusammen, aufgrund dessen er den Täter überführt. Ja, genau so soll er seine Fälle lösen!"

Arthur Conan Doyle erfindet den Detektiv Sherlock Holmes.

Der englische Arzt Arthur Conan Doyle (1859–1930) liest gern Detektivgeschichten. Besonders gut gefällt ihm der französische Detektiv Auguste Dupin aus den Romanen des amerikanischen Autors Edgar Allan Poe (1809–1849). Denn Dupin löst seine Fälle mit scharfem Verstand, durch genaue Beobachtung und logisches Denken. In der Erzählung „Der entwendete Brief" (1844) schließt er etwa aus dem Charakter des Täters auf das Versteck eines von diesem gestohlenen Briefes. Doch könnte man Dupins detektivische Methoden nicht noch verbessern? Doyle will es ausprobieren und erfindet selbst einen Detektiv: Sherlock Holmes.

Mysteriösen Verbrechen auf der Spur: Meisterdetektiv Sherlock Holmes

Spurensuche mit Köpfchen

Doyle weiß schon genau, welche Fähigkeiten seinen Sherlock Holmes dem Meisterdetektiv Auguste Dupin überlegen machen könnten. Während seiner Ausbildung zum Arzt war er einige Zeit Assistent bei dem schottischen Chirurgen Joseph Bell (1837–1911). Bell ist nicht nur ein ausgezeichneter Mediziner, sondern berät auch die Polizei bei der Aufklärung von Verbrechen. Er ist ein Spezialist für die genaue Untersuchung von Spuren an Tatorten und Leichen. Jedes Haar und jeder noch so kleine Fleck sind für ihn ein Hinweis, dem er nachgeht. Er untersucht einen Mordfall mit der gleichen wissenschaftlichen Gründlichkeit, mit der er eine Krankheit an einem Patienten diagnostiziert. Während sich die Polizei auf Zeugenaussagen verlässt, überführt Bell die Täter mit neuesten wissenschaftlichen Methoden.

Genau das beeindruckt Arthur Conan Doyle. 1886 schreibt er seinen ersten Sherlock-Holmes-Roman mit dem Titel „Eine Studie in Scharlachrot". Als Erzähler lässt er den Arzt Dr. John Watson auftreten. Er berichtet über die mysteriösen Verbrechen, die sein Freund Sherlock Holmes aufklärt. Der Detektiv stellt nicht vage Vermutungen auf wie die Inspektoren von **Scotland Yard**, sondern sammelt Indizien, die den Täter überführen. Zur Lösung seiner Fälle verlässt sich Holmes auf seine fünf Sinne. Er kann mühelos 75 Parfüms unterscheiden und daher die Absenderin eines Briefes am leichten Duft des Papiers erkennen. Darüber hinaus ist der Detektiv ein Meister der Beobachtung. In einem Fall tauchen an mehreren Häuserwänden in London eigenartige Strichmännchen auf. Dr. Watson hält sie für Kinderzeichnungen. Sherlock Holmes aber betrachtet die Strichmannchen genau und erkennt als Einziger, dass es sich um die Geheimschrift eines Verbrechers handelt.

Selbst aus kleinsten Spuren vermag Holmes' scharfsinniger Verstand verblüffende Schlussfolgerungen zu ziehen. Dabei arbeitet er immer mit den neuesten wissenschaftlichen Methoden. Dass Menschen anhand ihrer Fingerabdrücke identifiziert werden können, wurde erst Mitte des 19. Jahrhunderts erkannt. Arthur Conan Doyle lässt seinen Detektiv diese Methode bereits in einem seiner Fälle anwenden – lange bevor echte Kriminalisten 1891 einen Mord mithilfe eines blutigen Fingerabdrucks aufklären und Scotland Yard das Verfahren zur Spu-

Das Hauptquartier der Londoner Polizei heute

Zur Aufklärung seiner Fälle nutzt Sherlock Holmes wissenschaftliche Methoden (Filmszene).

rensicherung am Tatort 1901 einführt. Dank seiner Fähigkeiten und besonderen Methoden ist Sherlock Holmes der Polizei immer einen Schritt voraus.

Alter schützt vor Scharfsinn nicht

Als das letzte Buch über Sherlock Holmes die Leser noch in Atem hält, nimmt ein anderer literarischer Meisterdetektiv seine Ermittlungsarbeit auf. 1927 erscheint die Kurzgeschichte „Der Dienstagabend-Club" der englischen Schriftstellerin Agatha Christie (1890–1976). Ihr Detektiv ist eine Frau: die schrullige Miss Jane Marple, die in einem kleinen Städtchen in England wohnt. Die Amateurdetektivin stolpert meist zufällig in rätselhafte Mordfälle, die sie mit ihrem messerscharfen Verstand und ihrer Lebenserfahrung löst. So gibt es in einer Geschichte eine berühmte Schauspielerin, die ganz erstaunt einer alten Bewunderin begegnet. Als diese kurz darauf ermordet wird, steht die Polizei vor einem Rätsel. Nicht aber Miss Marple, die den Gesichtsausdruck der Schauspielerin aufgrund ihrer Menschenkenntnis richtig zu deuten weiß und sie als Täterin entlarvt. Auch Miss Marple ist dem ermittelnden Polizeiinspektor immer eine Nasenlänge voraus.

Wie die Kriminalromane von Arthur Conan Doyle sind auch diejenigen von Agatha Christie sogenannte **Whodunits**. Wie ein Puzzle setzt Miss Marple nach und nach alle Teile der rätselhaften Fälle zusammen.

Thema Whodunit – Wer ist der Täter?

Whodunit ist die Kurzform des englischen Satzes „Who has done it?" (deutsch „Wer hat es getan?"). Der Begriff bezeichnet Kriminalromane, die mit der Tat oder dem

Auffinden des Opfers beginnen. Im Lauf der Romanhandlung muss der Detektiv das Verbrechen aufklären und den Täter dingfest machen. Es tauchen verschiedene Verdächtige auf, die alle ein Motiv für das Verbrechen haben. Erst am Ende des Romans oder der Erzählung präsentiert der Detektiv die verblüffende Auflösung. Der besondere Reiz liegt für den Leser darin, dass er bis zum Ende im Dunkeln gelassen wird, wer der Täter ist.

Am Ende versammelt sie alle Verdächtigen in einem Raum und entlarvt den Täter, indem sie den Tathergang rekonstruiert und das Motiv des Täters erklärt. Ihre Lösungen sind oft sehr überraschend, nicht nur für die Polizei, sondern auch für den Leser.

Als Expertin für Gifte aller Art ...

... löst Miss Marple die schwierigsten Fälle (Filmszene).

Detektiv in Action

Als Arthur Conan Doyle 1930 stirbt, schreitet ein weiterer Romandetektiv zur Tat, diesmal in den USA. Erfunden hat ihn der Schriftsteller Dashiell Hammett (1894–1961), der sich mit echter Detektivarbeit auskennt, denn er hat viele Jahre selbst als Detektiv bei der **Agentur Pinkerton** gearbeitet. Hammetts Held heißt Sam Spade und ist mit allen Wassern gewaschen. Er hat ein kleines Detektivbüro in San Francisco und kennt die meisten Gangster der Stadt. Und er weiß, dass viele Polizisten bestechlich sind und manchmal sogar mit den Gangstern gemeinsame Sache machen. Im Gegensatz zu Sherlock Holmes und Miss Marple, die ihre Fälle zum Zeitvertreib lösen, muss Spade mühsam seine Aufträge an Land ziehen und gerät häufig in Gefahr, dass die Polizei ihm seine Detektivlizenz

---

Wissen *spezial*

Die Agentur Pinkerton
Die Agentur Pinkerton wurde 1850 von dem amerikanischen Detektiv Allan Pinkerton (1819–1884) in Chicago gegründet und war jahrzehntelang die größte Detektei der USA. In jeder größeren Stadt gab es eine Zweigstelle.

abnimmt. Spade ist ein harter und cooler Detektiv, der oft in Schießereien verwickelt ist und auch gegen Gesetze verstößt. Besondere Methoden interessieren Spade nicht, er löst seine Fälle mit seiner spitzen Zunge, seinen Fäusten und seinem Revolver.

Sein erster Fall, „Der Malteser Falke", dreht sich um eine alte Goldstatuette in der Form eines Falken. Zwielichtige Personen sind hinter dem wertvollen Kunstgegenstand her und schrecken dabei selbst vor Mord nicht zurück. Erst nach einem längeren Verwirrspiel kann Sam Spade die Statuette in seinen Besitz bringen und den Fall aufklären. Doch dann geschieht etwas, das neu für eine Detektivgeschichte ist. Spade händigt die goldene Statue nicht sofort der Polizei aus, sondern erst, nachdem sie sich als wertlose Fälschung entpuppt. Wollte er das wertvolle Stück für sich behalten? Ist der Detektiv selbst ein Krimineller? Der Roman bleibt die Antwort schuldig, und Dashiell Hammett ist mit dieser Wendung eine neue Art von Detektivroman gelungen, der außerordentlich erfolgreich werden wird. Der Erfolg liegt an dem neuen Typ von Detektiv und der Darstellung der Gesellschaft. Während die Detektive bei Arthur Conan Doyle und Agatha Christie immer auf der Seite des Guten stehen und mit der Ergreifung des Täters das Böse besiegt wird, teilt Hammett in seinen sogenannten „Hard-boiled"-Kriminalromanen die Menschen nicht mehr in „gut" oder „böse" ein. Jede Figur

Dashiell Hammett schuf einen neuen Typ von Detektiv.

Zwielichtig: Sam Spade mit der Statue des Malteser Falken (Filmszene)

hat eine Schattenseite. Polizisten sind ebenso verdächtig wie der Detektiv selbst, der vor allem in seinem eigenen Interesse handelt. Für ein gutes Honorar lässt er kleine Gauner laufen oder belügt auch einen Polizisten.

Spade wird zum Vorbild zahlreicher Großstadtdetektive, zum Beispiel für Philip Marlowe, den Detektiv des amerikanischen Schriftstellers Raymond Chandler (1888–1959). Wie Spade ist auch Marlowe ein Einzelgänger, der der Polizei misstraut und weiß, dass viele Bürger von Los Angeles nicht besser sind als die Gangster dieser korrupten Großstadt. Doch ist er wie Spade einer der wenigen, auf die sich Menschen, die Hilfe brauchen, verlassen können.

Wissen *spezial*

„Hard-boiled"-Krimis
Der englische Begriff „hard boiled" bedeutet „hart gesotten" und bezieht sich auf Krimis, die die brutale Wirklichkeit der Großstadt zeigen und deren Helden harte, illusionslose Detektive sind.

In gefährlichen **Höhen**

Käthe Paulus wagt den freien Fall

1909 in Frankfurt am Main

„Wie hoch mag Miss Polly in ihrem Ballon wohl gestiegen sein?"

„Über tausend Meter, schätze ich."

„Und sie wird tatsächlich springen?"

„So steht es in allen Zeitungen. Sobald sie die vorgesehene Höhe erreicht hat, springt sie aus der Schlinge unter ihrem Ballon."

„Da! Sie springt! Sie wird in den Tod stürzen! Ich kann gar nicht hinschauen!"

„Ich rate Ihnen, schauen Sie. Ihr Fallschirm hat sich bereits geöffnet. Fantastisch, einfach fantastisch, wie sie zur Erde schwebt."

„Nein! Sie verliert ihren Schirm. Das ist das Ende. Diesmal stürzt sie wirklich in den Tod."

„Ich kann Sie beruhigen. Warten Sie ab und staunen Sie."

„Ein zweiter Schirm öffnet sich. Unglaublich. Das ist ja eine Sensation – eine Weltsensation. Und das von einer Frau!"

Käthe Paulus führt ihren berühmten Doppelabsprung vor.

er Doppelabsprung ist der größte Nervenkitzel,
den die Luftakrobatin Käthe Paulus (1868–1935)
ihrem Publikum zu bieten hat. Schon der erste Sprung
ist für die meisten Zuschauer eine außergewöhnliche
und atemberaubende Sensation. Doch wenn Käthe
Paulus in rund 800 Metern Höhe ihren ersten **Fallschirm** löst und erneut zu Boden stürzt, hallen Schreie
durchs Publikum. Auch Ohnmachtsanfälle kommen häufig vor. An einigen Tagen drängeln sich mehr als 20 000
Menschen am Boden, um die tollkühne Luftakrobatin zu
bestaunen. Als „Miss Polly" ist sie in London und Paris
ebenso bekannt wie in Berlin und Budapest.

Fallschirmspringerin aus Leidenschaft

Geboren wird Katharina „Käthe" Paulus 1868 in dem
kleinen Dorf Zellhausen bei Offenbach. Schon als Kind
zeigt sich ihr artistisches Talent. Quer über den kleinen
Hof des Elternhauses lässt sie sich ein Seil spannen und
tritt als Seiltänzerin auf. Doch nach ihrem Schulab-
schluss beginnt sie eine Schneiderlehre und bleibt in ihrem
Heimatdorf. Der Alltag ist eintönig, viel Abwechslung gibt
es nicht. Das ändert sich, als Käthe 1889 während
eines Kuraufenthalts die Landung eines Heißluft-
ballons erlebt. Aus dem Korb steigt der blendend
aussehende Frauenschwarm Hermann Lattemann
(1852–1894). Käthe ist entzückt, und das nicht
nur von dem berühmten Ballonfahrer. Die beiden
werden ein Paar und steigen 1893 zum ersten Mal
gemeinsam auf. Sie begeistert sich so sehr für das
Ballonfahren, dass sie ihren Beruf aufgibt und mit
ihrem Verlobten von Stadt zu Stadt zieht, um
gewagte Auf- und Abstiege zu zeigen. Schließlich

Die Fallschirm-
akrobatin Käthe
Paulus

Wissen *spezial*

**Was bewirkt ein
Fallschirm?**
Das schirmförmige Gebilde
aus Stoff vermindert die
Geschwindigkeit beim freien
Fall. Durch die große Oberfläche des Schirms erhöht sich
der Luftwiderstand. Die Fall-
geschwindigkeit wird so auf
etwa fünf Meter pro Sekunde (18 km/h) reduziert.

Wer hat den Fallschirm erfunden?

Einen der ersten Fallschirme hat Leonardo da Vinci (1452 – 1519) entworfen – ein pyramidenförmiges Holzgestell, das mit Leinenstoff bezogen war. Im 16. Jahrhundert sprangen Menschen mit Fallschirmen von Kirchtürmen ab. Der erste Fallschirmsprung aus einem Heißluftballon fand 1797 statt.

wagt sie es sogar, mit dem Fallschirm abzuspringen. Weltweit ist sie die dritte Frau, die dieses Risiko eingeht. Die **Erfindung des Fallschirms** liegt schon lange zurück. Doch sind zu Käthe Paulus' Zeit die Fallschirme immer noch große, unförmige Stoffballen, die viel Platz wegnehmen und sich nur unzuverlässig öffnen. Käthe Paulus genießt es trotzdem, langsam zu Boden zu gleiten. Nicht alle Zeitgenossen bewundern ihren Mut, manche finden es unsittlich und unschicklich, wenn Frauen Hosen anziehen und aus Ballonkörben abspringen.

Riskante Sprünge im Matrosenanzug

Dann geschieht die Katastrophe. Während Käthe bei einer ihrer Vorführungen sicher am Fallschirm hängt, stürzt Lattemann 1894 mit dem defekten Ballon vor ihren Augen ab. Monatelang ist Käthe wie gelähmt. Erst als sie körbeweise Post von ihren Fans bekommt, rafft sie sich auf und macht weiter. Stolz lässt sie sich „Aeronautin" auf ihr Briefpapier drucken. Sie schneidert sich einen eleganten Matrosenanzug, trägt schwarze Schnürstiefel und wird ein gefeierter Star. Jeder will die schöne „Miss Polly" im Matrosenanzug abspringen sehen.

Ballonfahrten waren vor 100 Jahren sensationell.

Käthe genießt den Ruhm, doch sie hat die Bilder vom tödlichen Absturz ihres Geliebten im Kopf und will sichere und bessere Fallschirme entwickeln. Immer wieder schneidert sie neue Fallschirme und testet sie. Eines Tages hat sie eine geniale Idee: Sie entwirft einen Schirm, der sich mitsamt allen Leinen sehr klein zusammenlegen und in einer schlauchartigen Packhülle verstauen lässt. Aus dem vormals großen Stoffballen wird ein handlicher Ausrüstungsgegenstand. Aber hält er auch, was Käthe sich von ihm verspricht? Bei ihrem nächsten Absprung setzt sie alles auf eine Karte. Ihr Herz schlägt ihr bis ans Kinn, doch der neue kleine Paketfallschirm öffnet sich ohne Probleme.

Während des Ersten Weltkriegs zwischen 1914 und 1918 stellt sie für das deutsche Kriegsministerium mit 20 Näherinnen mehr als 7000 Fallschirme her. Heute gibt es keinen Fallschirmspringer, der ihren Namen nicht kennt. Dass sie sicher zur Erde gleiten, haben sie nicht zuletzt dem Mut, dem Einfallsreichtum und der Experimentierfreude von Käthe Paulus zu verdanken.

Die richtige Ausrüstung ist überlebenswichtig für Fallschirmspringer.

Opfer müssen gebracht werden

Von einem solchen Rettungssystem konnte Karl Wilhelm Otto Lilienthal (1848–1896) nur träumen, als er 1860 zusammen mit seinem Bruder Gustav (1849–1933) Stör-

Mit seinen Fluggeräten startete Otto Lilienthal oft von der Klippe eines Steinbruchs.

che beobachtet. Otto will es ihnen nachmachen und ebenfalls fliegen. Aus Weidenruten und Packpapier baut er sich heimlich zwei Flügel. In einer Vollmondnacht besteigt er einen Hügel in seiner Heimatstadt Anklam an der Ostsee und schnallt sie sich an den Armen fest. Heftig mit den Flügeln schlagend, läuft er den Hügel hinunter. Aber er hebt keinen Zentimeter ab, sondern überschlägt sich und landet unsanft auf dem Boden. Alle Knochen tun ihm weh. Für andere wäre der Traum nun ausgeträumt. Nicht aber für Otto. Inmitten der zertrümmerten Schwingen beschließt der Zwölfjährige, es jetzt erst recht zu versuchen. Nach ihrer Berufsausbildung bauen Otto und Gustav 1867 einen weiteren **Ornithopter**, diesmal aus Palisanderholz und Gänsefedern. Doch so heftig Otto auch mit den Schwingen schlägt, der Apparat bleibt am Boden. Natürlich wissen die

Brüder, dass es auch anderen Flugbegeisterten so ergangen ist. Sollten etwa doch jene Physiker recht behalten, die behaupten, der Mensch könne nur nach dem Prinzip „**leichter als Luft**" fliegen?

Das Geheimnis des Flügelschlags

Otto besorgt alle verfügbaren Bücher über Flugversuche und merkt schnell, dass niemand weiß, warum Vögel fliegen können. Wie er haben auch die anderen Flugpioniere einfach Flugapparate gebaut, ohne das Fliegen zuvor zu erforschen. Das holt Otto jetzt nach. Er baut Versuchsanlagen und testet die Eigenschaften von Flügeln. Er beobachtet den Flug von Störchen und vermisst die Flügel toter Vögel. Dabei macht er eine erstaunliche Entdeckung. Die Flügel sind gar nicht so flach, wie sie aussehen, sondern

Thema Das Prinzip „leichter als Luft"

*D*as Prinzip „leichter als Luft" galt bis zu Lilienthals Flugversuchen als einzige Möglichkeit für den Menschen, Luftfahrt zu betreiben. Gemeint sind damit Ballons und Luftschiffe, deren Hüllen mit heißer Luft oder Wasserstoff gefüllt sind. Diese Gase sind leichter als Luft und erzeugen dadurch den Auftrieb. Insekten, Fledermäuse und Vögel fliegen nach dem Prinzip „schwerer als Luft". Bei ihnen sorgen die Flügel für den Auftrieb. Physiker aber sahen den Menschen und seine Flugapparate lange Zeit als viel zu schwer an, um nach diesem Prinzip fliegen zu können.

leicht gewölbt. Und damit hat er die Lösung. Dieses besondere Flügelprofil sorgt dafür, dass Vögel fliegen können. Sofort veröffentlicht er seine Entdeckung in dem Buch „Der Vogelflug als Grundlage der Fliegekunst". Aber nur wenige Leser folgen ihm, da die meisten Menschen glauben, dass man nur mit Luftschiffen abheben kann. Luftfahrtexperten machen sich sogar öffentlich über das Buch lustig: „Lilienthal? Ein Spinner!"

Otto jedoch lässt sich nicht beirren, sondern baut nun Gleitflugzeuge mit großen, gewölbten Tragflächen. Zunächst schafft er nur Sprünge von wenigen Metern, bald darauf aber Gleitflüge von 25 Metern. Schließlich testet er 1892 ein neues Gleitflugzeug. Als Startplatz dient die Klippe einer Kiesgrube. Otto nimmt Anlauf und springt in den Abgrund. Diesmal nähert er sich nicht schnell dem Boden, sondern gleitet ruhig 80 Meter durch die Luft. Ein unglaubliches Gefühl, das so noch nie ein Mensch zuvor empfunden hat. Ein Jahr später erreicht er bereits Weiten von 250 Metern. Die Kritiker verstummen, denn nun steht fest, dass der Mensch mithilfe von Flugzeugen fliegen kann. Am 9. August 1896 unternimmt er einen weiteren Flugversuch. Alles läuft glatt, bis ihn plötzlich eine Windströmung nach unten drückt, er aus 15 Metern Höhe abstürzt und stirbt. Mit diesem Risiko hat er immer gelebt und sein Leben dafür bewusst aufs Spiel gesetzt. „Opfer müssen gebracht werden", sind seine letzten Worte. Sein Leben gibt Otto Lilienthal auch

Dank Lilienthals Vorarbeit konnten die Brüder Wright das erste Motorflugzeug bauen.

Viele Flugpioniere riskierten ihr Leben bei ihren Flugexperimenten.

für Weltfrieden, denn er glaubt, dass die Luftfahrt „uns den ewigen Frieden verschaffen" wird. Glücklicherweise hat er nicht mehr erfahren, wie sehr er sich in diesem Punkt geirrt hat. Schon im Ersten Weltkrieg (1914 – 1918) werden Flugzeuge zu tödlichen Waffen.

Lilienthal verliert zwar sein Leben beim Fliegen, seine Erfindung und seine Berechnungen nehmen sich jedoch nur wenige Jahre später die amerikanischen Brüder Wilbur und Orville Wright zum Vorbild und entwickeln eine der ersten motorgesteuerten Flugmaschinen – einen Vorläufer unserer heutigen Flugzeuge.

Im Namen
der Menschlichkeit

Albert Schweitzer kämpft gegen das Elend in Afrika

1914 in Westafrika

„**N**un wird uns noch ein Verletzter gebracht. Seine Wunde sieht nicht gut aus, die muss ich nähen. Aber ein Bett habe ich nicht mehr für ihn. Unser Hospital platzt aus allen Fugen. Sobald ich wieder etwas Geld habe, muss ich es unbedingt vergrößern lassen. Das Dach ist auch schon wieder undicht. Wie sich der Patient wohl durch den Dschungel hierhergeschleppt hat? Ich glaube, er gehört nicht zu dem Stamm, der hier lebt. Das bedeutet aber, dass es sich im Urwald schon herumgesprochen hat, dass es mein kleines Hospital gibt. Das ist wunderbar! Doch andererseits reichen meine Kräfte kaum noch aus, um alle zu versorgen."

Albert Schweitzer operiert in seinem Urwaldkrankenhaus.

Wieder versorgt Albert Schweitzer (1875–1965) einen Patienten in seinem Urwaldkrankenhaus in Lambarene in Französisch-Äquatorialafrika, dem heutigen Gabun. Es wird nicht der letzte an diesem Tag bleiben, denn Schweitzer ist der einzige Arzt in einem Gebiet von mehr als hundert Quadratkilometern. Schon steht eine Mutter in der Tür, die ein weinendes Kind in den Armen hält. Albert Schweitzer wischt sich den Schweiß von der Stirn und führt die Mutter in sein Behandlungszimmer in einer Wellblechhütte, über das jeder Arzt in Europa den Kopf schütteln würde, denn die Ausstattung ist völlig unzureichend. Nicht einmal Elektrizität ist vorhanden.

Albert Schweitzer in seinem Krankenhaus

Vom Professor zum Urwalddoktor

Eigentlich könnte Albert Schweitzer in Straßburg ein ruhiges Leben als Professor für Theologie an der dortigen Universität führen. Nach der Schule studiert er Philosophie und Theologie und schließt beide Fächer mit einer Doktorarbeit ab. Nebenbei studiert er auch noch Orgelspiel in

Täglich warten viele Patienten auf medizinische Hilfe.

Paris. Als Experte für den Komponisten Johann Sebastian Bach ist er international bekannt – was also verschlägt ihn nach Afrika? Grund dafür sind die regelmäßigen Zeitungsmeldungen über die zahlreichen Tropenkrankheiten in Zentralafrika und das Leiden der Bevölkerung. Tausende sterben, weil niemand ihnen hilft. Albert Schweitzer sieht es als seine Aufgabe aus christlicher Nächstenliebe an, diesen Menschen zu helfen. Dazu aber müsste er Arzt sein und nicht Theologe.

Schweitzer sieht nur eine Lösung: Er beginnt 1905 im Alter von 30 Jahren ein Medizinstudium. Als Professor mit zwei Doktortiteln wird ihm dies zunächst verwehrt. Müh-

Aus Kayserberg (Frankreich, oben) führte Albert Schweitzers Weg nach Lambarene (Gabun).

sam muss er sich eine Ausnahmegenehmigung erkämpfen. Seine Lebensgefährtin Helene Bresslau (1879–1957), die er 1912 heiratet, lässt sich inzwischen zur Krankenschwester ausbilden. Eisern büffelt Schweitzer und schreibt 1913 seine dritte Doktorarbeit. In den wenigen freien Stunden sammelt er Spenden für sein Projekt.

Krankenhaus in Wellblechhütten

Am 26. März 1913 brechen die Schweitzers endlich nach Afrika auf. Ihr Ziel ist die abgelegene Ortschaft Lambarene in Französisch-Äquatorialafrika. Schon bei ihrer Ankunft sehen sie, dass die Zeitungsberichte nicht untertrieben haben. In Lambarene ist die Lage besonders schlimm, denn hier ist die **Lepra** weit verbreitet. Bei tropischen Temperaturen schuftet das Ehepaar Tag und Nacht und kann schon nach wenigen Wochen sein Urwaldkrankenhaus eröffnen. Während Albert die Menschen untersucht und Kranke behandelt und operiert,

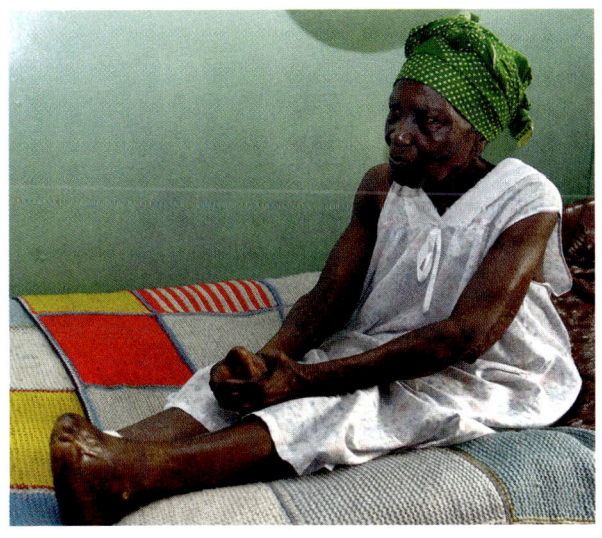

Lepra ist heute eine heilbare Krankheit.

pflegt seine Frau die Patienten und weist einheimische Hilfskräfte ein. Warum nimmt Schweitzer all diese Strapazen auf sich? Aus Menschlichkeit und „Ehrfurcht vor dem Leben", wie er es selbst nennt. Ihm sind alle Lebewesen heilig und daher fühlt er sich verpflichtet, Menschen, die in Not sind, selbst- und vorurteilslos zu helfen.

Doch schon nach einem Jahr wird Schweitzers Projekt jäh beendet. 1914 bricht der Erste Weltkrieg aus. Helene und Albert Schweitzer werden von den Franzosen verhaftet, die gegen Deutschland kämpfen, und 1917 nach Frankreich gebracht. Ihr Gesundheitszustand ist sehr schlecht. Lange Zeit können sie nicht zurück nach Afrika. Erst 1924 hat Albert Schweitzer mit Orgelkonzerten wieder genügend Geld gesammelt, um erneut nach Lambarene fahren zu können. Sein Hospital ist

Wissen *spezial*

Was ist Lepra?
Lepra ist eine Infektionskrankheit, die von Bakterien verursacht wird. Betroffen sind vor allem die Haut und die Nerven. Häufig sind Hände, Nase oder Kinn verunstaltet. Die Erkrankten spüren keine Schmerzen mehr. Lepra gibt es in Afrika, Indien und Südamerika heute noch.

Um Menschen in abgelegenen Gebieten versorgen zu können, sind viele Helfer nötig.

weitgehend zerstört und muss neu aufgebaut werden. Von nun an lebt er die meiste Zeit des Jahres in Afrika und versorgt dort zahllose kranke Menschen.

Nach dem Ende des Zweiten Weltkriegs (1939–1945) wird Albert Schweitzers Arbeit auf der ganzen Welt bekannt. Auch andere Ärzte folgen nun seinem Beispiel und engagieren sich für die Menschen in Afrika.

Albert Schweitzer wird 1952 mit dem Friedensnobelpreis ausgezeichnet, da er sich für die gegenseitige Hilfe der Völker ohne Rücksicht auf die politischen Verhältnisse eingesetzt hat. Bei der Übergabe des Preises in Stockholm hält er eine flammende Rede gegen den Krieg. Bis heute ist er ein Vorbild für Entwicklungshelfer oder Mitarbeiter der Organisation **Ärzte ohne Grenzen**.

Thema   **Ärzte ohne Grenzen – Helfer in der Not**

„*Ärzte ohne Grenzen" ist eine nicht staatliche internationale medizinische Hilfsorganisation, die 1971 in Frankreich gegründet wurde.*

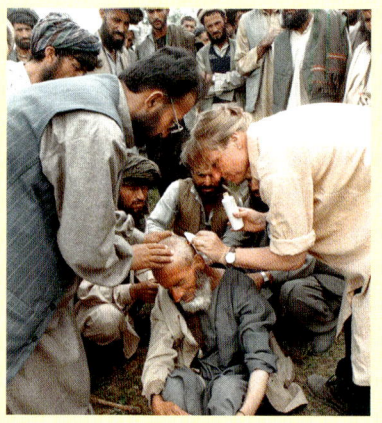

Inzwischen hat sie Büros in 19 Ländern. Sie wirbt Ärzte und Krankenpfleger an, die freiwillig in Krisengebiete gehen, um dort der Not leidenden Bevölkerung zu helfen. In vielen Ländern Afrikas, aber auch in Afghanistan oder Kolumbien sind die Ärzte im Einsatz und riskieren dabei oft täglich ihr Leben. Dafür wurde die Organisation 1999 mit dem Friedensnobelpreis ausgezeichnet.

Der Retter der Mütter

In früheren Zeiten starben viele Frauen an Kindbettfieber.

Als Arzt Leben retten will auch Ignaz Semmelweis (1818–1865) aus Budapest. Nach seinem Studium in Wien erhält er eine Stelle als Assistenzarzt am dortigen Krankenhaus in der Abteilung für Geburtshilfe. Diese Station findet unter den Ärzten nur geringe Beachtung, denn viele der werdenden Mütter stammen aus Armenhäusern, sind Prostituierte oder unverheiratet. Doch Semmelweis behandelt diese Frauen nicht als Patientinnen zweiter Klasse. Schon in den ersten Tagen fällt ihm auf, dass viele Mütter am Kindbettfieber sterben – einer Erkrankung, die von Bakterien hervorgerufen wird, wie man heute weiß. Zu Semmelweis' Zeit ist ihre Ursache jedoch noch völlig ungeklärt. Bakterien sind zwar schon lange bekannt, aber die Mediziner wissen noch nicht, dass sie Krankheiten verursachen. Daher achten die Ärzte auch

Desinfektion und Hand-
schuhe sind heute für
Ärzte selbstverständlich.

Wissen spezial

Was geschieht bei einer Obduktion?

Bei einer Obduktion oder Autopsie wird eine Leiche geöffnet, um die Todesursache festzustellen. Häufig dient die Obduktion auch wissenschaftlichen Zwecken, um zu untersuchen, wie man einen derartigen Todesfall in Zukunft vermeiden kann.

nicht auf Sauberkeit. Vor Untersuchungen waschen sie sich nicht einmal die Hände.

Semmelweis will herausfinden, warum so viele seiner Patientinnen tödlich erkranken. Doch je genauer er die Frauen untersucht, umso mehr werden krank. Semmelweis steht vor einem Rätsel. Da kommt ihm der Zufall zu Hilfe. Einer seiner Freunde wird während einer **Obduktion** durch ein Skalpell verletzt und stirbt wenige Tage später an einer Blutvergiftung. Durch den Schnitt in der Haut können Krankheitserreger in die Blutbahn gelangen und so den Körper schädigen. Die Anzeichen der Erkrankung seines Freundes erinnern Semmelweis stark an das Kindbettfieber. Vielleicht sind auch in diesem Fall die Leichen schuld? Denn viele Ärzte obduzieren zwischen ihren Untersuchungen immer wieder Verstorbene. Semmelweis vermutet, dass etwas Todbringendes von den Leichen auf die Patienten übertragen wird. Wie kann man diese geheimnisvolle Verbindung unterbrechen? Verzweifelt versucht er es mit **Chlorkalk**. Alle Mitarbeiter müssen sich ab sofort damit die Hände reinigen. Schlagartig ändert sich die aussichtslose Lage der Frauen. Nur noch in seltenen Fällen erkrankt eine am Kindbettfieber. Semmelweis hat den Grund gefunden: Die Ärzte selbst übertragen Krankheitserreger von den Leichen auf die Patientinnen!

Das aber wollen viele Ärzte nicht wahrhaben. Für sie ist Semmelweis ein Betrüger, der ihrem Ruf schade. Sie wol-

Ärzte diskutierten Semmelweis' Entdeckung.

len weiterhin glauben, dass das Wetter und ähnliche Ursachen für das Kindbettfieber verantwortlich seien. Semmelweis wird 1849 aus dem Krankenhausdienst entlassen. Er schreibt ein Buch über seine Entdeckung und investiert wie Schweitzer seine gesamte Zeit, um seine Kollegen zu überzeugen. Doch kaum jemand glaubt ihm. Stattdessen wächst die Zahl derer, die ihn als Irren bezeichnen. Semmelweis zerbricht an seinem Misserfolg und dem Wissen, dass weiterhin viele Frauen am Kindbettfieber sterben werden. 1865 wird er in eine Anstalt für Geisteskranke eingeliefert, wo er kurz darauf unter nie geklärten Umständen stirbt. 1867 beweist ein schottischer Arzt, dass Semmelweis recht hatte. Bald müssen sich alle Ärzte vor Untersuchungen und Operationen die Hände desinfizieren. Jetzt wird Semmelweis' Entdeckung als einer der größten Fortschritte in der Medizin gewürdigt. Für Semmelweis selbst kommt diese Anerkennung jedoch zu spät.

Wissen *spezial*

Was ist Chlorkalk?
Chlorkalk ist ein scharf riechendes Pulver, das ätzend wirkt und früher zum Bleichen von Stoffen und Papier eingesetzt wurde. Daher wurde es auch Bleichkalk genannt. Der chemische Name ist Calciumhypochlorid.

Auch Frauen haben Rechte

Kämpferinnen für die Gleichberechtigung

1914 in London

„Auch wenn ich nicht vorgelassen werde, ich muss es versuchen. Leider bin stark geschwächt von den vielen Hungerstreiks, sonst könnte ich mich besser behaupten. Doch Furcht darf ich nicht zeigen. Nicht gegenüber Männern, die in uns Frauen nur Tiere sehen. Wir werden so lange protestieren und Eingaben machen, bis wir das Wahlrecht für Frauen durchgesetzt haben. Eingaben wie diese, die ich König George überbringen will. Halt, da kommen schon die ersten Polizisten auf mich zu. Ich schaffe es nicht mehr bis zum Tor. Schon packen sie mich und halten mich fest. Verhaftet vor den Toren des Buckingham-Palastes! Sagt das dem König! Verhaftet, obwohl die Sache gerecht ist, für die ich einstehe!"

Emmeline Pankhurst versucht dem König eine Bittschrift zu überbringen.

Wieder einmal wird Emmeline Pankhurst (1858–1928) verhaftet, schon das dritte Mal in diesem Jahr. Doch heute sind auch Fotografen dabei, die die Szene festhalten. Schon am Abend erfahren die Leser aus den Londoner Zeitungen alles über Emmeline Pankhursts Versuch, zu König George V. vorgelassen zu werden. Die Fotos zeigen mehrere rennende Polizisten und die erschöpfte, ausgemergelte Frau, die von einem Uniformierten umklammert und fortgetragen wird. Doch wer ist Emmeline Pankhurst und wofür setzt sie sich so leidenschaftlich ein?

Kampf für das Frauenwahlrecht

Emmeline Pankhurst wird als Emmeline Goulden 1858 in der englischen Industriestadt Manchester geboren. Schon als Mädchen begleitet sie ihre Mutter zu Versammlungen, bei denen die Abschaffung der Sklaverei in den USA oder das **Wahlrecht** für Frauen gefordert wurde. Was für die meisten Frauen heute selbstverständlich scheint, ist es vor etwas mehr als einhundert Jahren noch keineswegs gewesen. Im 19. Jahrhundert haben Frauen auch in Ländern wie England oder Deutschland kaum Rechte. Besitz oder Vermögen sind für Frauen verboten, auch ihren Lohn dürfen sie nicht behalten, darüber können ihre Ehemänner frei verfügen. Frauen haben noch nicht einmal das Recht, einen Beruf zu ergreifen. Sie besitzen keine eigenen Pässe und dürfen bei politischen Wahlen weder ihre Stimme abgeben noch sich selbst zur Wahl für ein politisches Amt stellen. Ihre Aufgabe ist es, sich um den Haushalt zu kümmern und die Kinder großzuzie-

Mit Plakaten riefen Frauenrechtlerinnen zu Demonstrationen auf.

Wissen *spezial*

Was versteht man unter Wahlrecht?
Wahlrecht ist das Recht, bei politischen Wahlen, etwa von Abgeordneten für ein Parlament, seine Stimme abgeben zu dürfen oder auch sich selbst zur Wahl zu stellen. Nur wer ein Wahlrecht hat, kann Einfluss auf die Politik einer Regierung ausüben.

Emmeline Pankhurst wird vor dem Buckingham-Palast verhaftet.

hen. Viele Männer sehen Frauen nicht einmal als vollwertige Menschen an. So erklärt der langjährige britische Premierminister Herbert Asquith (1852–1928) in einer Rede: „Frauen sind nicht der weibliche Teil der menschlichen Gattung, sondern eine unterschiedliche, minderwertige Gattung, von Natur disqualifiziert, zu wählen, wie Hasen es sind."

Menschenrechte sind Männerrechte

Gegen diese frauenverachtende Einstellung und gegen die Rechtlosigkeit der Frauen kämpft Emmeline Pankhurst. Und sie ist nicht die Einzige. Bereits hundert Jahre zuvor fangen

Frauen an, sich gegen ihre Unterdrückung in der von Männern beherrschten Gesellschaft zu wehren. Es ist das 18. Jahrhundert, das Zeitalter der Aufklärung. In dieser Zeit üben Philosophen Kritik an der gesellschaftlichen Ordnung, in der einige wenige Adlige und Vertreter der Kirche viel Macht und Reichtum besitzen und der Rest des Volkes arm ist und kaum Rechte und politischen Einfluss hat. Die Philosophen wollen die Menschen darüber aufklären, dass sie ihre Vernunft gebrauchen sollen, um selbst zu denken und ihr Leben selbst zu bestimmen und sich nicht von veralteten Regeln und Traditionen beherrschen zu lassen. Sie haben die Überzeugung, dass alle Menschen, ob Bauer oder König, Mann oder Frau, Weißer oder Farbiger, von Natur aus gleich sind und die gleichen Rechte besitzen, die Menschenrechte genannt werden. Ein radikaler Gedanke, der eine Jahrtausendealte Ordnung infrage stellt.

In kämpferischen Reden setzte sich Emmeline Pankhurst für die Gleichberechtigung von Frauen und Männern ein.

In Frankreich führen diese neuen Ideen von Gleichheit und Freiheit 1789 zur **Französischen Revolution**. Noch im selben Jahr erhalten die Franzosen in der „Erklärung der Menschen- und Bürgerrechte" die gleichen Grundrechte auf Freiheit und Gleichheit. Tatsächlich alle Menschen? Leider nicht, denn die erklärten Grundrechte gelten nur für Männer. Viele Frauen, die darauf gehofft hatten, nun Eigentum erwerben zu dürfen, zur Schule zu gehen und einen Beruf ergreifen zu können oder auch zu wählen, werden bitter enttäuscht. Eine von ihnen ist Olympe de Gouges (1748–1793). Die Pariser Schriftstellerin durfte als Mädchen nicht zur Schule gehen und hatte mühsam und notdürftig zu Hause lesen und schreiben gelernt. 1785 erregt sie mit einem Theaterstück Aufsehen, das

Wissen *spezial*

Die Französische Revolution
Während der Französischen Revolution (1789–1799) wurde die Monarchie (Königsherrschaft) in Frankreich abgeschafft. Die Losung der Revolutionäre lautete „Freiheit, Gleichheit, Brüderlichkeit". Tausende Menschen – auch der König – wurden hingerichtet.

So wurden Frauen lange Zeit von Männern gesehen: als Hausfrauen.

Kritik an der Sklavenhaltung übt. Mit Leidenschaft vertritt sie ihre Überzeugung von der Freiheit und Gleichheit aller Menschen – auch der Frauen. Empört verfasst sie 1791 die „Erklärung der Rechte der Frau und Bürgerin". Darin fordert sie die gleichen Rechte für Frauen, die auch für die Männer gelten. In der Öffentlichkeit erregt ihre Erklärung kein Aufsehen. Für sie selbst hat sie jedoch verhängnisvolle Folgen. Olympe de Gouges wird von einem ausschließlich aus Männern bestehenden Revolutionsgericht 1793 wegen Aufruhrs zum Tode verurteilt und hingerichtet.

Auch wenn Olympe de Gouges im Kampf für die Rechte der Frauen zu ihrer Zeit wenig erfolgreich war, gilt sie als eine der ersten Frauenrechtlerinnen. Ihre Bedeutung für die

Thema Feministinnen im 20. Jahrhundert

Seit dem Ende der 1960er-Jahre wird die Frauenbewegung auch Feminismus (von lateinisch femina „Frau") genannt. Auch die Feministinnen des 20. Jahrhunderts kämpften gegen die Benachteiligung der Frauen in einer von Männern beherrschten Gesellschaft. Die französische Schriftstellerin und Philosophin Simone de Beauvoir (1908–1986) veröffentlichte 1949 das Buch „Das andere Geschlecht", in dem sie das jahrtausendealte Vorurteil kritisiert, dass Männer das „starke" und „vernünftige" Geschlecht, Frauen hingegen das „schwache" und von Gefühlen bestimmte Geschlecht seien.

Von vielen lange Zeit belächelt: Demonstrantinnen für das Frauenwahlrecht

Frauenbewegung wird erst im 20. Jahrhundert gewürdigt. Viele bekannte **Feministinnen** berufen sich später auf sie.

Hungerstreiks und fliegende Steine

Mehr als einhundert Jahre nach Olympe de Gouges kämpfen die Frauen immer noch für ihre Rechte. Vor allem für das Wahlrecht. An ihrer Spitze steht die bereits erwähnte Emmeline Pankhurst, die 1903 zusammen mit ihrer Tochter Christabel (1880–1958) die „Women's Social and Political Union" (Soziale und Politische Frauenunion) gründet. Mit dieser Vereinigung, deren Mitglieder sich **Suffragetten** nennen, organisiert Emmeline Demonstrationen und Versammlungen im ganzen Land. Innerhalb von nur drei Jahren treten mehr als 260 000 Frauen ihrer Organi-

Wissen *spezial*

Suffragetten wollen wählen

Das Wort „Suffragette" geht auf das französische Wort suffrage für „Wahl" zurück. Suffragetten waren Frauenrechtlerinnen, die sich für die politische Gleichberechtigung der Frauen, vor allem für das Frauenwahlrecht eingesetzt haben.

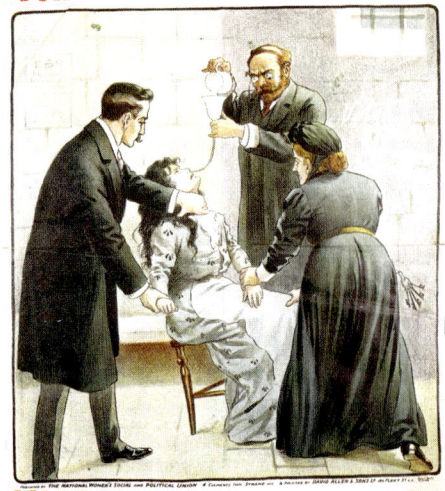

TORTURING WOMEN IN PRISON

VOTE AGAINST THE GOVERNMENT

Suffragetten, die im Gefängnis in den Hungerstreik traten, wurden zwangsernährt.

sation bei. Sie stören Wahlveranstaltungen der Parteien und verteilen Flugblätter. Obwohl der Druck auf die britische Regierung von Jahr zu Jahr wächst, macht sie keine Zugeständnisse. Alle Ämter haben Männer inne, die ihre Macht nicht mit Frauen teilen wollen. Sie sehen in dem Aufbegehren gegen die Benachteiligung und ungleiche Behandlung eine Ungeheuerlichkeit und lassen Polizisten mit Knüppeln gegen die Demonstrantinnen vorgehen. Allein 1907 werden 130 Frauen zu Gefängnisstrafen verurteilt, weil sie für ihre Rechte eingetreten sind. Emmeline wird sogar zusammengeschlagen. Dennoch gibt sie nicht auf und schafft es, 1908 mehr als 600 000 Demonstrantinnen im Londoner Hyde Park zu versammeln.

Obwohl sie Gewalt ablehnt, befürwortet sie schließlich doch Aktionen, bei denen Fensterscheiben eingeschlagen und sogar Häuser und Kirchen angezündet werden. Die Regierung lässt nun immer öfter Suffragetten verhaften und behandelt sie wie Kriminelle. Emmeline landet mehrmals im Gefängnis. Schließlich protestieren die Gefangenen mit Hungerstreiks gegen diese Zustände. Auch Emmeline hungert in ihrer Zelle. Die Lage spitzt sich immer mehr zu. Doch als im August 1914 der Erste Weltkrieg ausbricht, kommt die Frauenbewegung zeitweise zum Erliegen. Auch Emmeline lässt ihre Aktionen ruhen. Ihre Gesundheit ist von den vielen Hungerstreiks mittlerweile sehr angeschlagen. Sie stirbt 1928, in demselben Jahr, als in Großbritannien endlich das allgemeine Frauenwahlrecht eingeführt wird.

In den meisten europäischen Staaten und auch in den USA erhalten die Frauen im 20. Jahrhundert das Wahlrecht – in Deutschland 1918, in Österreich 1919, 1920 in den USA, in der Schweiz erst 1971. Dennoch herrscht bis heute keine völlige gesellschaftliche Gleichstellung von Frauen und Männern: In vielen Berufen erhalten Männer für die gleiche Arbeit einen höheren Lohn als Frauen. Auch verfügen Frauen längst nicht über die gleichen beruflichen Aufstiegschancen. Nach Emmeline Pankhurst haben auch die Frauen heute trotz der heldenhaften Kämpferinnen, die für ihre Rechte stritten, ihr Ziel noch nicht erreicht: „Frauen sind erst dann erfolgreich, wenn niemand mehr überrascht ist, dass sie erfolgreich sind."

Mit ihren Demonstrationen kämpften die Frauen gegen Unterdrückung.

Der Kampf für das Frauenwahlrecht ist auch heute noch aktuell: Erst seit 2005 dürfen Frauen in Kuwait wählen.

Retter der Welt

Superman, Batman und Co. bekämpfen das Böse

1934 in Cleveland, USA

„Wie stark soll unser neuer Superman werden?"
„Extrem stark natürlich, mindestens so stark wie dieser alte griechische Held, du weißt schon, dieser Herakles."
„Na klar, mindestens! Und richtig weit springen muss er können, viel weiter als jeder Mensch. Er muss aber auch anders aussehen, er braucht eine Maskierung, an der man ihn sofort erkennt."

„Was hältst du von dem Kostüm, das dieser Luftakrobat neulich im Zirkus getragen hat?"
„Das ist eine gute Idee. Ein blaues Oberteil ist klasse. Dazu verpassen wir ihm noch eine rote Turnhose und rote Stiefel."
„Ein Heldengesicht braucht er natürlich auch."
„Ja, etwa so wie eines der bekannten Filmschauspieler."
„Genau, er muss so gut aussehen wie Douglas Fairbanks, Kent Taylor oder Clark Gable."

Jerry Siegel und Joe Shuster erfinden „Superman".

Als 1926 in den USA die ersten **Science-Fiction**-Magazine erscheinen, sind die beiden amerikanischen Teenager Jerry Siegel (1914–1996) und Joe Shuster (1914–1992) aus Cleveland sofort begeistert. 1932 beschließen sie, selbst ein solches Magazin herauszugeben. Sie erfinden einen hinterhältigen Verbrecher und taufen ihn auf den Namen „Super-Man". Dieser Super-Man besitzt jede Menge übermenschlicher Kräfte, mit denen er die Weltherrschaft erlangen will.

> **Wissen spezial**
>
> **Was ist Science-Fiction?**
> Science-Fiction sind Romane oder Comics, die eine zukünftige Welt schildern, in der die Grenzen des naturwissenschaftlich-technisch Möglichen überschritten werden, wie etwa mit Reisen durch den Weltraum oder in die Vergangenheit.

Vom Schurken zum Verbrecherjäger

Zwei Jahre später jedoch sind Siegel und Shuster mit ihrem glatzköpfigen Schurken nicht mehr zufrieden. Statt eines bösen Helden wollen sie lieber einen guten, der das Verbrechen bekämpft. Also erfinden die Freunde ihren Helden einfach neu. Der neue „Superman" sieht sehr gut aus, ist sympathisch, führt aber ein geheimes Doppelleben. Tagsüber arbeitet er als schüchterner Reporter Clark Kent bei einer Zeitung, nachts geht er mit seinen Superkräften auf Verbrecherjagd. Superman ist so stark wie ein Zug, läuft schneller als eine abgefeuerte Revolverkugel und bringt mit seinem brennenden Blick Stahl zum Schmelzen. Er besitzt eine überragende Intelligenz, ist mitfühlend und hat einen untrüglichen Sinn für Gerechtigkeit. Statt seine Gegner zu töten, bringt er sie lieber ins Gefängnis.

Science-Fiction-Magazin

   Doch woher hat er seine übernatürlichen Kräfte? Superman ist kein Mensch, sondern stammt von dem Planeten Krypton. Sein Vater kann den jungen Kal-El, wie Superman eigentlich heißt, gerade noch rechtzeitig vor dem Untergang des Planeten mit einer Rakete zur Erde schießen. Dort wächst er bei der Bauernfamilie Kent in Kansas auf. Schon als Kind zeigen sich seine Superkräfte, die er aber geheim hält. Nach der Schulzeit zieht er dann nach Metropolis und arbeitet dort für eine Zeitung. Nachts schlüpft er in sein Kostüm und jagt Verbrecher. Anfangs kann Superman noch nicht fliegen, erst ab 1950 werden aus seinen Riesensprüngen richtige Flüge. Nun steigern sich auch seine Kräfte. Sein Röntgenblick durchdringt die dicksten Wände, und im Weltall kann er ohne Sauerstoff überleben. Zu seinen erbittertsten Gegnern zählt der windige Geschäftsmann Lex Luthor, der in vielen Superman-Geschichten erfolglos versucht, den Helden zu besiegen. Doch Superman ist am Ende immer der strah-

Thema   **Kurze Geschichte der Comicstrips**

Als Vorläufer der Comicstrips („komische Streifen") gelten Bildergeschichten wie „Max und Moritz" (1865) von Wilhelm Busch: einzelne Bilder mit erzählenden Untertiteln. In den 1890er-Jahren entstanden in den USA die ersten Comics im heutigen Sinn: gerahmte Einzelbilder, die „Panels" genannt werden und Text in Sprech- oder Gedankenblasen enthalten. Geräusche finden sich durch lautmalerische Worte (Peng, Zisch, Wumm) in den Bildern wieder. Ursprünglich wurden die Comics nur in Zeitungen abgedruckt. Ab 1930 erschienen in den USA eigenständige Comichefte.

Durch den Schornstein mit Vergnügen
Sehen sie die Hühner liegen,
Die schon ohne Kopf und Gurgeln
Lieblich in der Pfanne schmurgeln. —

Von vielen bewundert: Superman kämpft gegen das Böse.

lende Sieger. Die Bürger von Metropolis lieben ihn, denn er bleibt immer bescheiden und kämpft nicht für seinen Ruhm oder gar Geld, sondern setzt sein Leben für wehrlose Menschen und die Gerechtigkeit ein.

Die erste Geschichte mit dem neuartigen Helden erscheint 1938 in einem **Comicstrip**. Schon die erste Ausgabe wird ein riesiger Erfolg. So wie die Menschen im antiken Griechenland vor 2800 Jahren die Geschichten des Superhelden Herakles liebten, sind auch die Leser von Superman von seinen übermenschlichen Fähigkeiten begeistert. Denn die Comicfigur spiegelt ihre geheimen Sehnsüchte und Wünsche wider. Viele Leser wären gerne wie er, im Alltag unscheinbar und durchschnittlich, im Geheimen jedoch ein gut aussehender Held mit Superkräften, den die ganze Welt bewundert.

Superheld im Spinnen-
kostüm: Spiderman im
Wachsfigurenkabinett

Superhelden sind keine Erfindung des 20. Jahrhunderts.
Schon immer haben Menschen von Helden geträumt, die
außergewöhnliche oder sogar übernatürliche Kräfte besitzen, mit denen sie das Böse besiegen. Dabei hat jedes Zeitalter seine eigenen Superhelden hervorgebracht. In der Antike war es etwa Herakles, die Bibel berichtet von
Samson und seinen enormen Kräften. Im 19. Jahrhundert mussten Superhelden vor allem eines können: Fechten. So wie die drei Musketiere oder Zor-
ro, der sowohl das Vorbild für Superman als auch
für einen anderen Superhelden ist: Batman.

Batman kämpft ohne Superkräfte

Der Erfolg von Superman ist so groß, dass die Re-
dakteure des Verlags einen zweiten Superhelden erfinden lassen. Der Comiczeichner Bob Kane (1915–1998)
und der Texter William Finger (1914–1974) erschaffen

1939 „Batman". Der englische Name bedeutet übersetzt „Fledermausmann". Batman trägt ein fledermausähnliches Kostüm mit schwarzem Umhang und geht nachts – wie eine Fledermaus – auf Verbrecherjagd. Wie Superman besitzt auch Batman ein **Alter Ego**. Tagsüber ist er der Millionär und Unternehmer Bruce Wayne, nachts begibt er sich in die geheime Höhle unterhalb seiner Villa, schlüpft in sein Kostüm und fährt mit seinem Batmobil durch Gotham City, um Verbrecher zur Strecke zu bringen.

Im Gegensatz zu Superman verfügt Batman nicht über Superkräfte. Als Kind musste er miterleben, wie seine Eltern von einem Gangster erschossen wurden. Von diesem Tag an kennt er nur noch ein Ziel, nämlich Verbrecher zu jagen. Anstatt über Superkräfte verfügt er über einen Reihe von sogenannten **Gadgets**, die an seinem Gürtel auf ihren Einsatz warten. Batman kann Stahlseile verschießen und sich daran durch einen Raum schwingen oder hinter künstlichem Nebel verschwinden. Nur eine Schusswaffe benutzt Batman nie.

Die Batmancomics werden ein noch größerer Erfolg als die Supermangeschichten. Viele Leser mögen ihn gerade deshalb so sehr, weil er keine Superkräfte hat. Jeder könnte Batman sein, was bei Superman hingegen völlig ausgeschlossen ist. Batman ist ein menschlicher Superheld, dessen Gefühle, Gedanken und Handeln jeder Mensch gut verstehen kann.

Superhelden haben Fans auf der ganzen Welt.

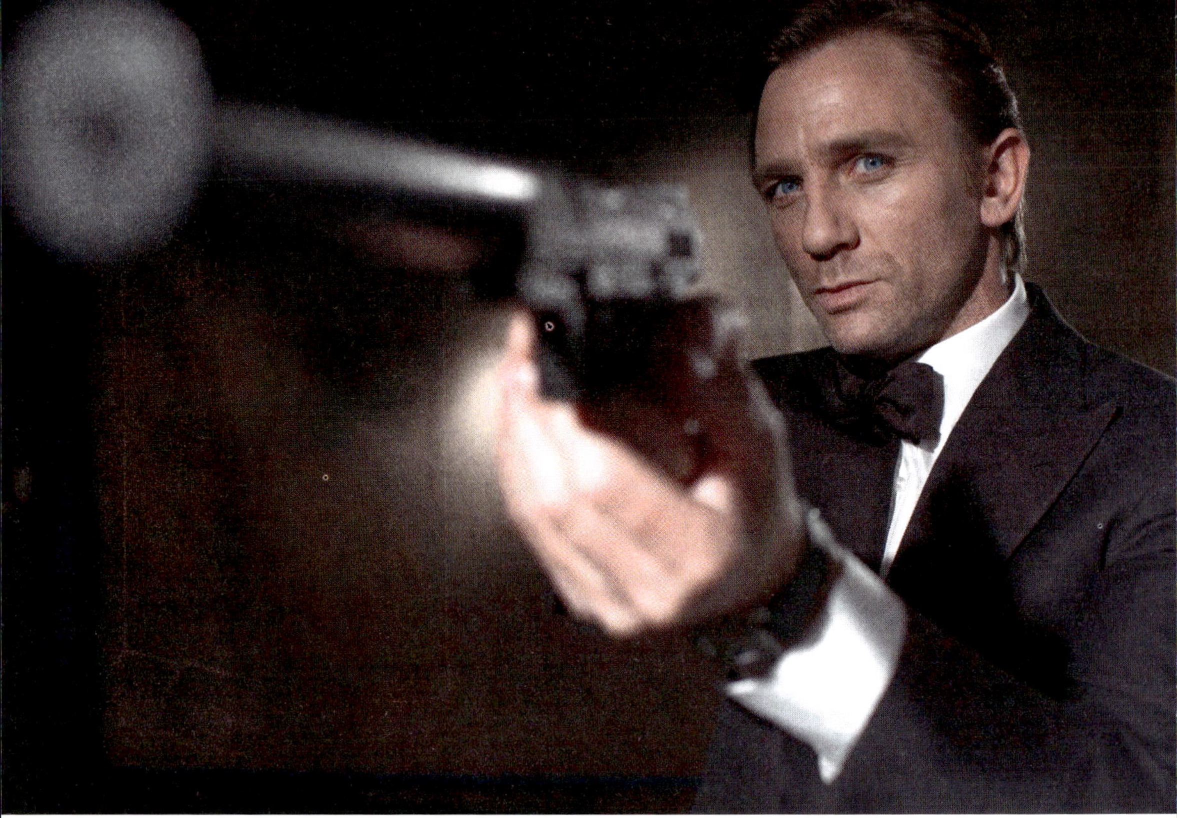

James Bond hat die Lizenz zum Töten (Filmszene).

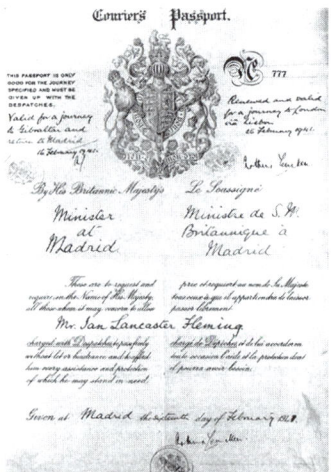

Im Geheimdienst Ihrer Majestät

Ohne Spezialwaffen kann auch ein weiterer Held seinen Job nicht erledigen, der sich immer so vorstellt: „Mein Name ist Bond. James Bond." Erfunden hat den britischen Geheimagenten der Schriftsteller Ian Fleming (1908 – 1964), der im Zweiten Weltkrieg selbst als Agent für den Nachrichtendienst der englischen Marine gearbeitet hat. In Moskau hat er ebenso spioniert wie auf Jamaika. Fleming kennt die Arbeit eines Geheimagenten gut, als er 1953 den ersten James-Bond-Roman „Casino Royale" schreibt.

Courier's Passport.

By His Britannic Majesty's Minister at Madrid

Le Soussigné Ministre de S. M. Britannique à Madrid

Mr. Ian Lancaster Fleming

Given at Madrid

Mit königlichem Auftrag: Ian Flemings Spionagepass

James Bond, Codename 007, arbeitet im Auftrag des britischen Geheimdienstes MI6 und hat Kriminelle als Gegner, die die Welt erpressen oder einen Krieg auslösen wollen. Bond hat kein Alter Ego, aber er ist Gentleman und Killer zugleich. Ein gut aussehender, gebildeter, charmanter und weltgewandter Mann, der Champagner, Kaviar und schöne Frauen liebt, zugleich aber ein knallharter und rücksichtsloser Kämpfer ist, der feindliche Agenten kurzerhand erschießt. Aus jeder schwierigen Situation und jedem Hinterhalt kann er sich dank seiner Spezialausrüstung retten. Er besitzt Uhren mit Laser, Raketenrucksäcke, Skistöcke mit Schussvorrichtung und Sportwagen, die mit Raketen und Maschinengewehren ausgerüstet sind und sich sogar unter Wasser fortbewegen können.

007 ist unbesiegbar, ein Superheld wie aus einem Comic. Mit echten Geheimagenten hat er daher auch kaum etwas gemeinsam. Sie arbeiten im Gegensatz zu James Bond so unauffällig wie möglich und vermeiden Explosionen oder Schusswechsel. Viele tragen nicht einmal eine Waffe. Agenten, die für Geheim- oder Nachrichtendienste arbeiten, versuchen, geheime politische, wirtschaftliche oder militärische Informationen zu beschaffen, die für die Sicherheit ihres Landes von Bedeutung sind. Sie treffen sich mit Informanten, hören Telefongespräche von Verdächtigen ab, überwachen Personen oder werden verdeckt, also mit falscher Identität, in bestimmte Organisationen eingeschleust, um dort geheime Informationen auszuspionieren. Doch wie die anderen Superhelden entspricht auch James Bond dem Traum vieler Menschen nach einem starken Retter und Beschützer. Eine Rolle, die viele gern spielen möchten.

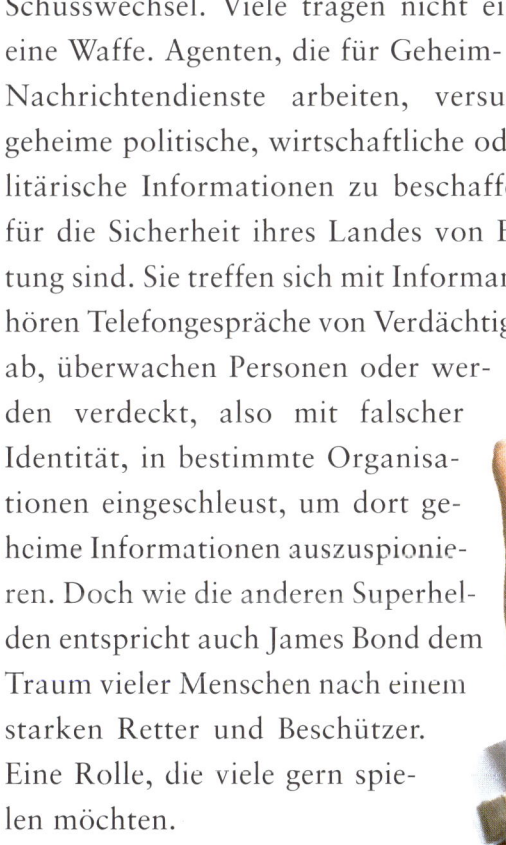

Gut aussehend, gebildet, charmant: So sah Ian Fleming seinen Superagenten (Filmszene).

Die Flugblätter
der Weißen Rose

Widerstandskämpfer im Nationalsozialismus

1943 in München

„Siehst du jemanden?"

„Nein, es ist auch niemand zu hören. Die Universität ist der beste Ort, um die Flugblätter auszulegen. Hier sehen sie viele Studenten, die vielleicht wie wir gegen die Nationalsozialisten sind.

„Wir könnten die Flugblätter auf das Treppengeländer legen, dann runterstoßen und schnell verschwinden."

„Das machen wir. Aber leise. Wenn uns jemand hört, sind wir geliefert."

„Das wird schon klappen. Die meisten Studenten werden die Flugblätter zwar beim Rektor abliefern, aber einige lesen sie vielleicht dennoch."

„Los, jetzt schnell! Die Taschen auf und auf das Treppengeländer mit den Zetteln!"

„Da kommt jemand!"

„Das ist der Hausmeister!"

„Oh nein, ausgerechnet der!"

Sophie und Hans Scholl legen Flugblätter in der Universität aus.

Der Hausmeister ist pflichtbewusst. Kaum hat er die beiden Studenten mit den Flugblättern entdeckt, rennt er auch schon zu ihnen. Schon wenig später werden die Geschwister Hans (1918–1943) und Sophie Scholl (1921–1943) vom Rektor der Universität verhört und anschließend der Polizei übergeben. Warum sieht der Rektor in der Flugblattaktion ein schweres Verbrechen?

Widerstand gegen Hitler

Im Jahr 1943 regiert in Deutschland die Nationalsozialistische Deutsche Arbeiterpartei, kurz NSDAP, unter der Führung von Adolf Hitler (1889–1945). Hitler und seine Partei kamen bereits 1933 an die Macht und errichteten in Deutschland eine **Diktatur**. Seitdem übt Hitler uneingeschränkte Macht in allen Lebensbereichen der Menschen aus. Politische Gegner werden ausgeschaltet, andere Überzeugungen, auch die der Kirche, verboten, das Recht auf freie Meinungsäußerung gibt es nicht mehr. Die Nationalsozialisten vertreten eine menschenverachtende Weltanschauung, der zufolge die Deutschen einer besonderen „Rasse" angehören, die anderen Völkern, vor allem den Juden, überlegen sei. Juden werden daher aus Deutschland vertrieben, in Konzentrationslager verschleppt und millionenfach ermordet. Auch Gegner des Regimes, die zum Widerstand gegen Hitler und die NSDAP aufrufen, werden verfolgt, vor Gericht gestellt und hingerichtet.

Dennoch regt sich Widerstand in der Bevölkerung, so auch bei den Geschwistern Hans und Sophie Scholl. Sie wachsen in einem christlichen Elternhaus auf und lehnen die Menschenfeindlichkeit des Nationalsozialismus aufgrund ihres Glaubens strikt ab. Sie haben von der Verschleppung

---

Wissen *spezial*

Was ist eine Diktatur?

In einer Diktatur besitzt eine einzige Person, der Diktator, uneingeschränkte Macht. Die Bürger haben keinen politischen Einfluss. Andersdenkende werden unterdrückt und die öffentlichen Kontrollorgane wie zum Beispiel die Presse kontrolliert.

Sophie Scholl wurde in der Universität in München verhaftet (Filmszene).

und Ermordung der Juden, dem sogenannten Holocaust, gehört. Auch wissen sie, dass Hitler angeordnet hat, geistig behinderte Menschen zu ermorden, da deren Leben gemäß der nationalsozialistischen Auffassung „lebensunwert" sei. 1942 gründen die Geschwister Scholl daraufhin zusammen mit ihren Mitstudenten Alexander Schmorell (1917–1943), Willi Graf (1918–1943) und Christoph Probst (1919–1943) die Widerstandsgruppe „Weiße Rose". Sie verfassen Flugblätter, in denen sie diese Verbrechen anprangern und zum Widerstand aufrufen. Verschickt werden diese mit der Post. Bei diesen Aktionen riskieren die Mitglieder der „Weißen Rose" ihr Leben, das ist ihnen immer bewusst. Aber ihr

Glaube und ihr Gewissen drängen sie dazu, diese menschenverachtenden Taten nicht einfach zu ignorieren. Doch am 18. Februar 1943 geht die Aktion in der Münchner Universität schief und sie werden verhaftet. Bereits wenige Tage nach ihrer Verhaftung werden Sophie und Hans Scholl sowie Christoph Probst vom Volksgerichtshof zum Tod verurteilt und noch am selben Tag in München hingerichtet. Dasselbe geschieht später mit den meisten Mitgliedern der Widerstandsgruppe „Weiße Rose".

Georg Elser will den Krieg verhindern

Während Sophie und Hans Scholl als überzeugte Christen handeln, hat der aus Württemberg stammende Schreiner Georg Elser (1903–1945) vor allem politische Gründe für den Widerstand gegen Hitler. Aufmerksam verfolgt er bereits in den 1920er-Jahren den Aufstieg Adolf Hitlers zum Reichskanzler, teilt aber in keiner Weise die Begeisterung so vieler Deutscher für den Nationalsozialismus. Ebenso aufmerksam verfolgt er die Aufrüstung der deutschen Streitkräfte, der Wehrmacht, und ist 1938 davon überzeugt, dass Adolf Hitler einen Krieg plant. Einen Krieg, der Millionen Menschen das Leben kosten könnte. Diesen Krieg will Elser unbedingt verhindern. Aber wie? Er sieht nur einen Weg, nämlich, Adolf Hitler zu töten. Er weiß, dass Hitler jedes Jahr am 8. November im Münchner Bürgerbräukeller eine Rede hält. Eine ideale Gelegenheit für ein Attentat. Im Sommer 1939 versteckt

Die Nationalsozialisten verschleppten Juden in Konzentrationslager.

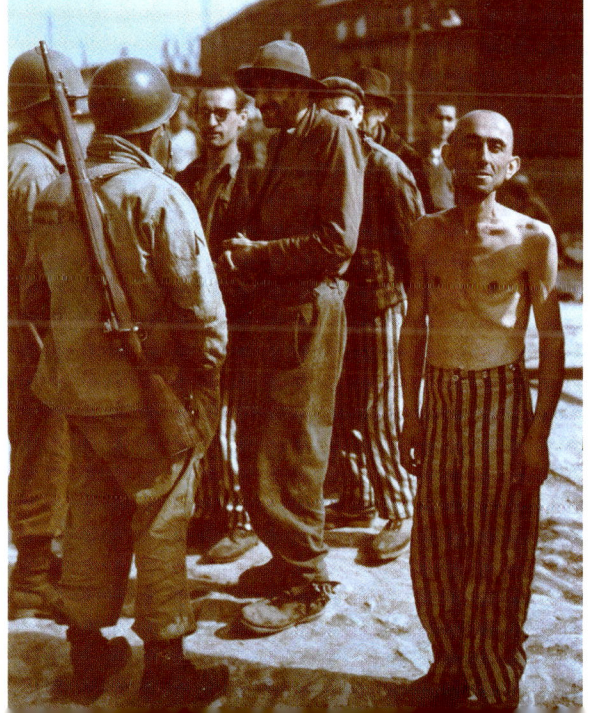

Georg Elser

sich Elser regelmäßig abends im Bürgerbräukeller und schlägt heimlich ein Loch in eine Säule, ganz in der Nähe des Rednerpultes. Er besorgt sich aus einem Steinbruch Sprengstoff und baut eine Bombe mit Zeitzünder, die er in der Säule versteckt. Alles ist perfekt vorbereitet. Hitler trifft pünktlich im Bürgerbräukeller ein und hält seine Rede. Doch sie fällt an diesem Tag kürzer aus als sonst. Wegen des schlechten Wetters reist Hitler mit der Bahn anstatt mit dem Flugzeug zurück nach Berlin. Um den Zug rechtzeitig zu erreichen, muss

Thema   Antisemitismus – Feindschaft gegen Juden

Antisemitismus ist die Feindlichkeit gegenüber Juden. Dabei werden Juden aufgrund ihres Glaubens oder der Annahme, sie seien eine gefährliche „Rasse", abge-

lehnt. Im nationalsozialistischen Deutschland mussten Juden den Davidsstern tragen. In der Reichspogromnacht 1938 wurden jüdische Geschäfte und Synagogen angezündet. Während des Zweiten Weltkriegs wurden mehr als sechs Millionen Juden ermordet.

er den Bürgerbräukeller früher verlassen. Genau 13 Minuten, nachdem Hitler gegangen ist, explodiert die Bombe und tötet acht seiner Anhänger.

Als Elser von dem Fehlschlag erfährt, ist er bereits verhaftet: Zollbeamte hatten ihn beim Versuch, in die Schweiz zu fliehen, festgenommen. Er wird verhört, in ein **Konzentrationslager** gebracht und auf persönlichen Befehl Adolf Hitlers ermordet.

Auf Adolf Hitler wurden mehr als 40 Attentate verübt.

Oskar Schindler und seine Liste

Der Krieg, den Elser hatte verhindern wollen, bricht im September 1939 aus. Es ist der Zweite Weltkrieg, der mit dem Einmarsch der deutschen Wehrmacht in Polen beginnt. Oskar Schindler (1908–1974) freut sich darüber, denn er hofft auf gute Geschäfte. Schon lange ist er ein Befürworter des Nationalsozialismus und wird 1939 sogar Mitglied der NSDAP, wenngleich er Hitlers **Antisemitismus** nicht teilt. In dem Krieg sieht er vor allem seine persönliche Chance, schnell reich zu werden. In der von den Deutschen besetzten polnischen Stadt Krakau übernimmt er eine den Juden geraubte Emaillefabrik. Innerhalb kurzer Zeit macht er aus der Fabrik einen Zulieferbetrieb für die Wehrmacht, in dem über Tausend Menschen arbeiten.

Gedenksteine in vielen europäischen Städten erinnern an die von Nationalsozialisten ermordeten Menschen.

Wissen *spezial*

Konzentrationslager
In Konzentrationslagern wurden politische Gegner, Kritiker des Regimes, Kriegsgefangene, Juden, Sinti und Roma oder Homosexuelle eingesperrt. Sie lebten unter menschenunwürdigen Bedingungen, wurden gefoltert und ermordet.

Viele seiner Arbeiter sind Juden aus dem Krakauer Getto, einem Viertel in der Stadt, in dem die Juden wohnen müssen. Sie sind Zwangsarbeiter, die von den Nationalsozialisten zu harter Arbeit unter menschenunwürdigen Bedingungen gezwungen werden. Zunächst macht Schindler sich darüber keine Gedanken, doch dann sieht er, wie schlecht die Arbeiter von Hitlers Wachsoldaten behandelt werden. Misshandlungen und Erschießungen sind an der Tagesordnung. Dadurch ändert sich seine Einstellung. Täglich wächst sein Mitgefühl mit seinen rechtlosen und unterernährten Arbeitern. Als ihm bewusst wird, dass seine jüdischen Arbeiter früher oder später in einem Konzentrationslager ermordet werden, setzt er alles daran, sie zu retten. Es gelingt ihm, einen großen Teil der jüdischen Zwangsarbeiter direkt auf seinem Fabrikgelände wohnen zu lassen. So kann er ihnen bessere Lebensbedingungen bieten. Dabei hilft ihm sein jüdischer Buchhalter und Freund Itzhak Stern (1901–1969). Schindler und Stern kaufen Lebensmittel auf dem Schwarzmarkt und fälschen Papiere. Als sich das Kriegsende nähert, wird die Lage schwieriger. Oft kann er seine Arbeiter nur durch Bestechung der Wachsoldaten davor bewahren, in ein Konzentrationslager verschleppt zu werden.

Im Vernichtungslager Auschwitz wurden über eine Million Menschen ermordet.

Der Film „Schindlers Liste" erzählt, wie Oskar Schindler 1200 Juden das Leben rettete (Filmszene).

Dafür setzt er sein gesamtes Vermögen ein. Doch die Polizei schöpft Verdacht. Auch sein Leben ist nun in Gefahr. Wegen des russischen Vormarschs muss er bald mit seiner Fabrik nach Westen umziehen. Zusammen mit Itzhak Stern stellt er eine Liste mit Namen von 1200 Arbeitern zusammen. Es gelingt ihm, die Nationalsozialisten mit falschen Angaben zu überzeugen, dass die Arbeiter von kriegswichtiger Bedeutung sind. Er darf sie mitnehmen und bewahrt sie dadurch vor dem sicheren **Tod in Auschwitz**. Wenig später ist der Krieg zu Ende. Oskar Schindlers Tat bleibt unvergessen. Er erhält viele Ehrungen, und 1993 dreht Steven Spielberg (*1946) den Film „Schindlers Liste". Schindler hat geholfen und sein Leben für andere aufs Spiel gesetzt, weil er wie die Geschwister Scholl oder Georg Elser, und anders als viele andere Menschen dieser Zeit, über Mitgefühl und ein Gewissen verfügte.

Wissen *spezial*

Tod in Auschwitz
Auschwitz ist eine Stadt in Polen in der Nähe von Krakau. Dort errichteten die Nationalsozialisten mehrere Konzentrations- und Vernichtungslager, in denen sie zwischen 1940 und 1945 mehr als 1,2 Millionen Menschen ermordeten, die meisten davon Juden.

Gleiche Rechte für Schwarze

Gewaltloser Widerstand gegen die Rassentrennung

1. Dezember 1955 in Alabama

„Was ist hier denn los?"

„Diese Frau will nicht aufstehen."

„Kannst du nicht lesen? Der Platz ist für Weiße. Steh sofort auf."

„Ich kann lesen. Aber ich stehe trotzdem nicht auf."

„Du stehst auf. Neger müssen im Bus nach hinten."

„Hinten sind alle Plätze besetzt. Auch der Gang ist schon voll. Das sehen Sie doch."

„Na und? Für dich wird es wohl noch reichen. Also steh auf."

„Nein! Ich bin müde, ich habe den ganzen Tag gearbeitet, ich brauche einen Sitzplatz."

„Wenn du nicht aufstehst, rufe ich die Polizei."

„Von mir aus. Ich bleibe jedenfalls sitzen."

„Du hast es so gewollt. Das wird teuer für dich."

Rosa Parks weigert sich, in einem öffentlichen Bus ihren Platz für einen Weißen freizumachen.

Die farbige Näherin Rosa Parks (1913–2005) wächst in Montgomery im US-Bundesstaat Alabama auf, wo sie auch zur Schule geht. Wie sie sind alle ihre Mitschüler Farbige, denn in den Südstaaten der USA besteht seit 1896 eine gesetzlich vorgeschriebene **Rassentrennung**. Das bedeutet, dass in Schulen, aber auch in Zügen, Krankenhäusern, Universitäten oder auf Parkbänken Weiße und Farbige streng voneinander getrennt werden. Dabei werden die Weißen stets bevorzugt behandelt.

Schwarze müssen im Bus nach hinten

Rosa Parks musste schon oft aufstehen, wenn sie im Bus einen Platz für Weiße erwischt hat. Jedes Mal fühlte sie sich zutiefst erniedrigt. Am 1. Dezember 1955 ist ihre Geduld am Ende. Als sie sich weigert, ihren Platz für einen Weißen freizumachen, wird sie verhaftet. Die Polizei nimmt ihre Fingerabdrücke, und Rosa Parks wird fotografiert, als hätte sie ein Verbrechen begangen. Der weiße Richter hat sein Urteil schnell gefällt. Wegen Störung der öffentlichen Ruhe muss sie zehn Dollar Strafe zahlen.

Kurz darauf wird Rosa Parks' Verhaftung bekannt. Schon am nächsten Tag treffen sich einige Bürgerrechtler und suchen nach Wegen, um gegen die

Wissen *spezial*

Warum gibt es eine Rassentrennung?
Der Rassentrennung liegt das Vorurteil zugrunde, dass manche Menschen aufgrund ihrer Zugehörigkeit zu einer bestimmten „Rasse" minderwertig seien. Diese Vorstellung wird Rassismus genannt und hat keine wissenschaftliche und ethische Grundlage.

Auf dieser Parkbank sind Schwarze unerwünscht.

Rosa Parks' Verhaftung löste einen landesweiten Protest aus.

Rassentrennung zu protestieren. Sie wählen den jungen Pastor Martin Luther King (1929–1968) zum Leiter eines Komitees, das einen Boykott sämtlicher städtischer Buslinien beschließt. Der Erfolg ist riesig und sorgt für weltweite Aufmerksamkeit. Fast alle Farbigen der Stadt gehen 381 Tage lang zu Fuß, fahren Taxi oder bilden Fahrgemeinschaften. Die wirtschaftlichen Schäden für die Stadt sind immens.

Martin Luther King ist nicht nur Träger eines Doktortitels und überzeugter Bürgerrechtler, er ist auch ein ausgezeichneter Redner. Dieses Talent nutzt er und tritt immer wieder vor Versammlungen und vor der Presse auf. Sein großes Vorbild ist **Mahatma Gandhi** (1869–1948). Mehrere Male wird King verhaftet und verhört. Als die Stadt Montgomery nicht einlenkt, gehen die Bürgerrechtler vor Gericht und bekommen tatsächlich recht. Der Oberste Gerichtshof entscheidet, dass die Rassentrennung in Schulen und Bussen nicht der **Verfassung der USA** entspricht. Rosa Parks wird nun immer wieder von rassistischen Weißen bedroht und zieht 1957 nach Detroit.

„Ich habe einen Traum"

Martin Luther King nutzt seinen Bekanntheitsgrad, um die Bürgerrechtsbewegung zu stärken. Unermüdlich reist er durch die USA, hält Hunderte Reden und organisiert Tausende von Demonstrationen. Dabei beschwört er seine Zuhörer, darunter auch viele Weiße, auf jede Gewalt zu verzichten. In vielen Bundesstaaten missbilligt man seine Auftritte. Mehrfach wird King aus vorgeschobenen Gründen verhaftet und einmal sogar zu sechs Monaten Zwangsarbeit verurteilt. Schließlich stellt sich der neu gewählte amerikanische Präsident John F. Kennedy (1917–1963) auf seine Seite und schlägt ein Gesetz zur Abstimmung vor, das die Gleichberechtigung von Farbigen und Weißen festschreibt.

Wissen *spezial*

Bürgerrechte in der Verfassung der USA

Der 14. Zusatzartikel der amerikanischen Verfassung erklärt, dass alle Bürger der USA die gleichen Rechte und Freiheiten genießen. Dieser Artikel wurde bereits 1868 verabschiedet, um den ehemaligen schwarzen Sklaven die Menschenrechte zu garantieren.

Farbige Bürger protestieren gegen die Rassentrennung in Schulen.

Immer wieder wurden farbige Demonstranten verhaftet und wie Verbrecher behandelt.

Um den Gesetzesvorschlag Kennedys zu unterstützen, ruft Martin Luther King am 28. August 1963 zu einer Großdemonstration in Washington auf, zu der mehr als 250 000 Menschen erscheinen. Vor der riesigen Menschenmenge hält King die Rede „I have a dream" („Ich habe einen Traum"), die weltweit für Begeisterung sorgt. Darin beschreibt King eine Zukunft, in der die Nachfahren der schwarzen Sklaven und der weißen Sklavenhalter in Amerika als Freunde an einem Tisch sitzen und ihr Leben gemeinsam und gleichberechtigt bestimmen. Das Gesetz zur Aufhebung der Rassentrennung wird ein Jahr später tatsächlich verabschiedet. Ein großer Erfolg für die Bürgerrechtsbewegung und Martin Luther King, der für seinen unermüdlichen Einsatz 1964 den **Friedensnobelpreis** erhält. King bleibt weiterhin aktiv, denn trotz des neuen Gesetzes werden Farbige noch immer benachteiligt. Am 4. April 1968 wird er auf dem Balkon eines Hotels von einem Rassisten erschossen. Nicht nur in den USA, sondern in der ganzen Welt trauern Menschen um den friedfertigen Kämpfer für die Gleichberechtigung farbiger Bürger.

Wissen spezial

Was ist der Friedensnobelpreis?

Der Friedensnobelpreis wurde von dem schwedischen Erfinder Alfred Nobel (1833–1896) gestiftet. Der Preis wird seit 1901 an Menschen verliehen, die sich „am meisten für die Verbrüderung der Völker" eingesetzt haben.

Nelson Mandela kämpft für Südafrika

Während in den USA die Rassentrennung aufgehoben wird, ist man in Südafrika von der Gleichberechtigung der Weißen und Farbigen noch weit entfernt. Der Staat am Kap der Guten Hoffnung wird seit seiner Gründung im Jahr 1910 von Weißen beherrscht, die den Farbigen kaum Rechte gewähren. Als 1948 die konservative Nationale Partei in Südafrika die Wahlen gewinnt, wird die sogenannte **Apartheid** gesetzlich festgelegt. Für die Rechte der Farbigen tritt seit 1923 der Afrikanische Nationalkongress (ANC) ein, dem 1942 der junge farbige Jurastudent Nelson Mandela

Die Menschen jubeln Martin Luther King zu.

| **Thema** | **Apartheid – Fremde in der eigenen Heimat** |

Das Wort Apartheid stammt aus dem Niederländischen und bedeutet „Trennung". Diese südafrikanische Form der Rassentrennung war viel strenger als jene in den USA. Die Farbigen durften nicht in den Städten wohnen, sondern nur in Vororten, den Townships. Außerhalb der Townships mussten sie Pässe mit sich tragen. Farbige durften keine Weißen heiraten und hatten nur ein eingeschränktes Wahlrecht.

In Südafrika waren die schönsten Strände den Weißen vorbehalten.

(* 1918) beitritt. Wie Martin Luther King sieht er in der Rassentrennung eine schwere Missachtung der Menschenrechte. Im Sommer 1955 ruft er den ANC und andere Bürgerorganisationen zu einem Kongress auf und schlägt eine Freiheitscharta vor, die die Demokratie und Grundrechte wie Meinungsfreiheit, Religionsfreiheit oder Reisefreiheit für alle Menschen Südafrikas fordert. Die südafrikanische Regierung sieht in dem Programm einen Aufruf zum Umsturz und lässt Mandela und andere Führer umgehend verhaften. Der Prozess zieht sich über Jahre hin und endet schließlich mit einem Freispruch. Währenddessen muss Mandela erleben, wie friedliche Demonstranten von weißen Polizisten erschossen werden und sich die Lage der Farbigen in Südafrika zusehends verschlechtert. Der Wohlstand der **weißen Minderheit** hingegen vergrößert sich. Als immer mehr Farbige bei Unruhen getötet werden, ändert Mandela seine Ansicht über den gewaltfreien Widerstand und spricht sich dafür aus, notfalls auch mit Waffen gegen die Unterdrückung zu kämpfen. Wieder wird er verhaftet und 1964 zu lebenslanger Haft verurteilt.

Wissen *spezial*

Die weiße Minderheit in Südafrika

Die weiße Minderheit in Südafrika besteht vor allem aus Nachkommen der bereits im 17. Jahrhundert eingewanderten niederländischen, französischen und deutschen Siedler und der im 19. Jahrhundert zugezogenen britischen Kolonisten. Sie stellen rund zehn Prozent der Bevölkerung.

Unbeugsam – selbst im Gefängnis

Dennoch bleibt Nelson Mandela der Führer und das Vorbild der Apartheidgegner. Je länger er inhaftiert ist, umso bekannter wird er und umso mehr Politiker und Organisationen setzten sich weltweit für ihn ein. Schließlich stellt die Regierung ihm die Freilassung in Aussicht, falls er auf seine politischen Forderungen verzichte. Mandela aber bleibt standhaft. Er lässt sich nicht kaufen und hält an seinen Überzeugungen fest. Lieber bleibt er in Haft, als auf die Freiheit aller Südafrikaner zu verzichten. Diese Haltung macht ihn weltweit zu einem Freiheitshelden, für den Demonstranten in vielen Ländern, darunter auch Deutschland, auf die Straße gehen. Letztendlich muss die Regierung dem Widerstand vieler farbiger und weißer Bürger und dem internationalen Druck nachgeben. Am 11. Februar 1990 begnadigt der neu gewählte südafrikanische Staatspräsident Frederik Willem de Klerk (* 1936) Nelson Mandela nach 26 Jahren Haft und erkennt seine Forderungen an. Noch am selben Tag hält Mandela eine flammende Rede vor mehr als 120 000 meist farbigen Menschen und fordert sie auf, nicht an Vergeltung zu denken, sondern sich mit den einstigen Unterdrückern zu versöhnen, um ein neues, demokratisches Südafrika aufzubauen. Wie Martin Luther King erhält auch Nelson Mandela den Friedensnobelpreis und wird 1994 zum ersten farbigen Präsidenten Südafrikas gewählt.

1994 fanden in Südafrika die ersten freien Wahlen statt.

Ein großer Sprung
für die Menschheit

Die mutigen Pioniere der Raumfahrt

1969 auf dem Mond

„Ich bin jetzt bereit zum Ausstieg."

„Sie haben grünes Licht."

„Dann öffne ich jetzt die Luke. Bislang gibt es keine Probleme."

„Was ist mit dem Raumanzug?"

„Das viele Training hat sich bewährt. Ich stehe jetzt auf der Leiter. Gleich bin ich unten."

„Viel Glück."

„Das ist ein kleiner Schritt für einen Menschen, aber ein großer Sprung für die Menschheit!"

„Glückwunsch! Auf diesen Augenblick haben viele Menschen lange gewartet. Wie ist der Mondboden?"

„Staubig, aber fest. Der Blick zum Horizont ist fantastisch."

„Irgendwelche Probleme?"

„Nein, Buzz kann auch aussteigen."

Neil Armstrong betritt als erster Mensch den Mond.

Am 20. Juli 1969 hält die ganze Welt den Atem an. Eine halbe Milliarde Menschen verfolgt vor dem Fernseher, wie die ersten Menschen den Mond betreten. Die Bilder sind schwarz-weiß und unscharf, aber sie reichen aus, um Neil Armstrongs (*1930) erste Schritte auf der staubigen Mondoberfläche zu verfolgen. Knapp zwanzig Minuten später betritt Buzz Aldrin (*1930) als zweiter Mensch den Mond. Die Astronauten hissen die Flagge der USA und beginnen damit, ihre wissenschaftlichen Geräte aufzustellen und Gesteinsproben zu sammeln. Nach zweieinhalb Stunden gehen sie wieder an Bord der Landefähre Eagle.

> **Wissen** *spezial*
>
> **Was ist Cape Canaveral?**
> In Cape Canaveral an der Ostküste Floridas befindet sich das Kennedy Space Center, der sogenannte Weltraumbahnhof der USA. Von dort starten seit 1957 Raketen in den Weltraum. Das Kontrollzentrum für bemannte Raumflüge befindet sich in Houston (Texas).

Die gefährlichste Reise der Welt

Als die drei Astronauten Armstrong, Aldrin und Michael Collins (*1930) am 16. Juli 1969 in **Cape Canaveral** das Apollo-11-Raumschiff besteigen, wissen sie, dass es keine Garantie für ihre Rückkehr gibt. Jahrelang haben sie hart für diese Reise trainiert und waren auch schon im Weltraum, doch die geplante Landung auf dem Mond hält viele unbekannte Gefahren bereit.

Das Kennedy Space Centre in Florida

Das Raumschiff könnte auf dem Flug durch den Weltraum von einem Meteorit getroffen werden. Die Berechnungen der Wissenschaftler könnten falsch sein. Auch nach einer sicheren Landung auf dem Mond sind die Gefahren nicht überstanden, denn der Start vom Mond muss

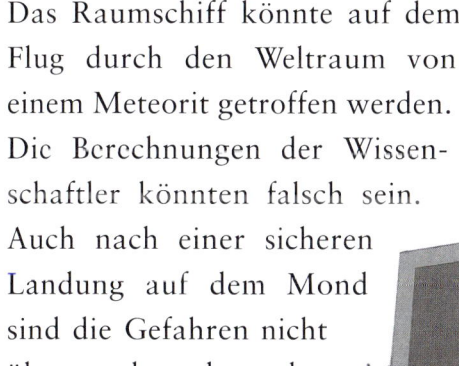

ebenfalls glücken. Gibt es auf dem Mond für den Menschen gefährliche Bakterien? Oder andere unbekannte Gefahren für Menschen? Niemand kann diese Fragen beantworten. Daher müssen die Astronauten nach ihrer Rückkehr einige Zeit isoliert von anderen Menschen in einer Quarantänestation verbringen, um sicherzustellen, dass sie keine Krankheitserreger auf die Erde eingeschleppt haben.

Trotz der Gefahren besteigen Armstrong, Aldrin und Collins ihr Raumschiff. Sie wollen der ganzen Menschheit zeigen, dass den USA etwas gelingt, wozu keine andere Nation fähig ist. Natürlich wollen sie auch die Erforschung des Mondes voranbringen. Und das geht nur mit einer bemannten Landung. Und dann treibt sie auch der Ehrgeiz an, als erste Menschen den Mond zu erreichen. Angst haben sie nicht, denn sie haben lange trainiert und glauben fest an ihren Erfolg.

Thema Die Landefähre – Taxi zum Mond

Bei dem Apollo-11-Flug zum Mond traten zwei Raumfahrzeuge die Reise an: das eigentliche Apollo-Raumschiff und die Mondlandefähre. Das Raum-

schiff blieb auf einer Umlaufbahn um den Mond, während zwei Astronauten in die Landefähre umstiegen, die sie zum Mond brachte. Nach dem Ende der Mission beförderte das Oberteil der Fähre die beiden Astronauten zurück zum Raumschiff. Erneut stiegen sie um und trennten sich dann von der Fähre, die auf den Mond stürzte. Das Raumschiff kehrte ohne Fähre zur Erde zurück.

Neil Armstrong, Michael Collins und Buzz Aldrin

Die Triebwerke der Saturn-V-Rakete entwickeln 100 Millionen PS und beschleunigen die Apollo auf fast 40 000 Stundenkilometer. Vier Tage nach dem Start erreichen die Astronauten den Mond. Armstrong und Aldrin steigen in die Landefähre um, die sie zum Mond bringen soll. Alles läuft nach Plan. Da taucht vor ihnen ein kleiner Krater auf, der auf den Mondkarten fehlt. Und genau dort will der Bordcomputer die Fähre aufsetzen. Blitzschnell schaltet Armstrong den Computer ab und greift zum Steuerknüppel. In letzter Sekunde lenkt er die Fähre über den Krater und setzt sie sanft auf freiem Gelände auf. Fast 22 Stunden bleiben die Astronauten auf dem Mond und führen wichtige Experimente durch. Der Rückflug verläuft planmäßig. Der erste Flug zum Mond ist ein sensationeller Erfolg, die drei Astronauten gehen in die Geschichte ein.

Nach ihrer Rückkehr
wurden die Astronauten
als Helden gefeiert.

Nach ihrer Rückkehr
wurden die Astronauten
als Helden gefeiert.

Ein Hund war das erste
Lebewesen im All.

Der erste Mensch im All

Die drei amerikanischen Astronauten sind die ersten Menschen auf dem Mond. Der erste Mensch im Weltraum war jedoch ein Russe. Als sich der russische Pilot Jurij Gagarin (1934–1968) am 12. April 1961 in das winzige Wostok-Raumschiff zwängt, waren zuvor lediglich einige Hunde in Versuchskapseln ins All geschossen worden. Doch wie würde ein Mensch die besonderen Bedingungen im Weltraum verkraften? Eine extreme Temperatur von minus 250 Grad Celsius, luftleerer Raum, gefährliche Strahlungen und die Schwerelosigkeit? Trotz aller Tests kann dies niemand genau sagen. Gagarin ist der erste Mensch, der diese Reise wagt. Er wurde ausgewählt, weil er selbst in gefährlichen Situationen immer gelassen bleibt und ausgezeichnet reagiert. Außerdem will er mithelfen, die technische Überlegenheit seines Heimatlandes, der Sowjetunion, zu beweisen.

Gagarin weiß, wie riskant seine Reise ist. Deshalb hat er sich von seiner Frau und seinen zwei Kindern ausgiebig verabschiedet. Vielleicht kehrt er nicht mehr zurück. Ein letztes Mal winkt er seinen Freunden und Kollegen auf der Startrampe bei Baikonur zu, dann wird die Kapsel fest verschlossen. Um 7.05 Uhr hebt die Rakete donnernd ab. Gagarin wird in den Sitz gepresst und durchgeschüttelt wie kein Mensch zuvor. Die Belastung ist so stark, dass er kaum noch sprechen kann. Sein Puls wird immer schneller. Wird er die 16 Minuten lang durchhalten, bevor er das Weltall erreicht? Im Kontrollzentrum vergehen bange Minuten. Dann endlich meldet sich Gagarin als erster Mensch aus dem All, das er durch

Der Kosmonaut Jurij Gagarin wurde in der Sowjetunion mit zahlreichen Ehrungen bedacht.

drei kleine Bullaugen beobachten kann: „Ich sehe die Kugelgestalt der Erde. Der Anblick des Horizonts ist einzigartig und von großer Schönheit."

Nach 108 Minuten hat Gagarin die Erde einmal in einer durchschnittlichen Höhe von 250 Kilometern umrundet. Er zündet die Bremsraketen. Wieder braucht er starke Nerven, denn die Kapsel wird beim Eintauchen in die Atmosphäre glühend heiß. Diesmal ist die Belastung so groß, dass er zeitweise fast erblindet. Da seine Kapsel keine Landevorrichtung hat, muss Gagarin in 7000 Metern Höhe die Luke absprengen und mit dem Fallschirm aussteigen. Aber auch dieses gefährliche Manöver gelingt dem 27-Jährigen. Er landet sicher in der Nähe der Stadt Satarow am Ufer der Wolga.

Houston, wir haben ein Problem

Nicht immer verlaufen die Weltraumflüge allerdings so reibungslos wie bei Gagarin oder der Apollo-11-Mission. Im April 1970 startet das amerikanische Raumschiff Apollo 13 seinen Flug zum Mond. Doch knapp 56 Stunden nach dem Start verursacht ein Kurzschluss an Bord die Explosion eines Sauerstofftanks. Mit einem Funkspruch meldet Astronaut Jack Swigert (1931–1982) den Unfall der Bodenstation: „Houston, wir haben ein Problem."

Für die drei Astronauten besteht große Gefahr. Denn durch die Explosion werden auch die Wasser- und Energieversorgung beschädigt. Apollo 13 muss das **Orbit** verlassen und sofort zur Erde zurückkehren. Doch ein Raumschiff kann im All nicht einfach wenden, da es viel zu schnell fliegt. Trotz der geringen Sauerstoffvorräte müssen die Astronau-

Wissen *spezial*

Was ist ein Orbit?

Die Umlaufbahn eines Raumschiffs oder Satelliten um einen Planeten oder den Mond bezeichnet man als Orbit. Die Geschwindigkeit muss genau berechnet sein, damit sie nicht an Höhe verlieren, aber auch nicht die Anziehungskraft des Planeten verlassen.

ten zuerst den Mond umrunden und können dann erst zur Erde zurückkehren. Ohne Heizung wird es immer kälter an Bord. Um nicht zu ersticken, basteln die Piloten aus Ersatzteilen, Plastikfolie und Klebeband einen **CO_2-Filter**. Doch die Situation wird immer kritischer. Ihre Überlebenschancen sinken von Stunde zu Stunde. Trotzdem bewahren die Astronauten die Ruhe und geben nicht auf. Jede Aufregung kostet nur mehr Sauerstoff. Konzentriert und frierend harren sie in ihren engen Sitzen aus. Mit der letzten Energie erreichen sie tatsächlich wieder die Erde und können sicher landen.

Nicht alle Weltraumflüge laufen so glimpflich ab. Im Jahr 1986 explodiert das amerikanische Spaceshuttle Challenger kurz nach dem Start, wobei alle sieben Astronauten sterben. Ebenso viele Astronauten sterben, als das Spaceshuttle Columbia 2003 beim Wiedereintauchen in die Erdatmosphäre auseinanderbricht. Doch nicht nur auf Flügen, sondern auch bei den riskanten Vorbereitungen auf die Weltraumflüge kommen immer wieder Astronauten ums Leben. Die bemannte Raumfahrt ist bis heute ein sehr gefährliches Unternehmen geblieben. Mutige Menschen, die sich den Gefahren stellen, werden nach wie vor in der Raumfahrt gebraucht.

Wissen *spezial*

CO_2-Filter – überlebenswichtig

Menschen atmen Sauerstoff ein und Kohlendioxid (CO_2) aus. Sind zu viel CO_2 und zu wenig Sauerstoff in der Atemluft, besteht Erstickungsgefahr. Mithilfe eines Filters kann man der Luft jedoch CO_2 entziehen.

Das Spaceshuttle Columbia beim Start vom US-Weltraumbahnhof in Florida

Zu Wasser, in der Höhe
und zu Land

Die beruflichen Retter bleiben namenlos

1992 in der Nordsee

„Mayday, Mayday! Fischkutter ,Nordmark' mit drei Mann Besatzung an Bord nördlich von Wangerooge in Seenot."

„Fischkutter ,Nordmark', hier Seenotrettungskreuzer ,Vormann Steffens'. Haben Ihren Notruf bereits vor einer halben Stunde aufgefangen. Wie ist Ihre genaue Position?"

„Genaue Position unbekannt. Querab Wangerooge, vermutlich Langes Riff. Sehr hohe Wellenberge, gut zehn Meter."

„Habe verstanden. Sind gleich bei Ihnen."

„Mayday, Mayday! Maschine blockiert, sind manövrierunfähig!"

„Haben Sichtkontakt. Sind gleich bei Ihnen. Wir schießen Ihnen eine Schleppleine rüber. Befestigen Sie die Leine an einem Poller auf dem Vorschiff!"

Funkverkehr zwischen einem Rettungskreuzer der DGzRS und einem Havaristen

Die Nordsee kocht. Trotz seiner 3000 PS braucht der Seenotrettungskreuzer noch eine halbe Stunde, bevor er den in Seenot geratenen Kutter erreicht. Der Orkan türmt riesige Wellen auf, die ein Schiff mühelos in die Höhe heben und es bis zu 40 Meter weit über die See schleudern. Daher kann der Seenotrettungskreuzer auch nicht längsseits gehen und am Kutter festmachen. Der hohe Seegang und die Gischt behindern die Sicht der Seenotretter. Nur mit großer Mühe gelingt es ihnen, ein Seil zum Kutter hinüberzuschießen. Zunächst sieht es so aus, als könne der Kreuzer den Kutter abschleppen. Doch dann bricht der Poller des Kutters, ein kurzer Holzpfosten, an dem das Seil befestigt ist.

Der Kutter nimmt immer mehr Wasser auf. Die drei Seeleute werfen eine **Rettungsinsel** über Bord und springen hinterher. Gerade noch rechtzeitig. Hinter ihnen versinkt der Kutter gurgelnd in der aufgewühlten Nordsee. Die Seenotretter haben bereits ein kleines Tochterboot ausgesetzt und kämpfen sich durch die Wellenberge bis zu den Schiffbrüchigen. Im aufgewühlten Wasser erreichen sie die Rettungsinsel und können die Seeleute übernehmen und an

> ## Wissen *spezial*
>
> **Was ist eine Rettungsinsel?**
> Eine Rettungsinsel ist ein schlauchbootartiges Kunststoffboot zur Rettung Schiffbrüchiger. Es bläst sich automatisch auf, sobald man es ins Wasser wirft. Häufig befinden sich ein Erste-Hilfe-Kasten, ein Notsender und Signalraketen an Bord.

Rettungsinseln nehmen die Besatzung von in Seenot geratenen Schiffen auf.

Per Rutsche geht es auf die Rettungsinseln.

Bord bringen. Die Geretteten sind stark unterkühlt, denn das Wasser hat nur sechs Grad, doch unter Deck erhalten sie warme Kleidung und werden medizinisch versorgt. Sie sind erschöpft und stehen unter Schock, nur knapp sind sie dem Tod entkommen.

Rausfahren, wenn andere reinkommen

Die Seenotretter der Deutschen Gesellschaft zur Rettung Schiffbrüchiger (DGzRS) riskieren bei ihren Einsätzen immer wieder ihr Leben. Am 23. Februar 1967 sind die vier Besatzungsmitglieder des Seenotrettungskreuzers „Adolph Bermpohl" in einem Sturm gerade dabei, drei holländische Fischer zu retten, als eine **Grundsee** ihr eigenes Schiff zum Kentern bringt. Der als unsinkbar geltende Rettungskreuzer überschlägt sich, wird dabei beschädigt, gelangt aber wieder in seine ursprüngliche Position – die Retter und die drei Fischer werden jedoch vom Schiff gerissen und ertrinken.

Am 1. Januar 1995 ist der Seenotrettungskreuzer „Alfred Krupp" bei schwerer See nach einem Einsatz auf dem Weg zurück zu seinem Heimathafen in Borkum. Plötzlich fegt eine Grundsee über das Schiff hinweg. Zwei der Seenotretter sind auf Deck und werden von der Welle von Bord gerissen und stürzen in die Fluten. Die Suche nach ihnen bleibt erfolglos.

Jeder Seemann, der sich bei der DGzRS als Seenotretter bewirbt, weiß um diese tödlichen Gefahren.

Wissen spezial

Was ist eine Grundsee?
Eine Grundsee ist eine sehr hohe und steile Welle, deren Wellental in flachen Gewässern den Meeresgrund erreicht. Daher auch der Name. Sie sind gefährlich, weil sie ein Schiff mit sich reißen können, sodass es auf dem Meeresboden aufschlägt.

Doch er nimmt sie in Kauf, weil der Beruf die Möglichkeit bietet, zu helfen und Leben zu retten. Viele haben schon selbst gefährliche Situationen auf See erlebt oder kennen den Beruf von ihren Vätern und Großvätern, die auch Seenotretter waren. Sie sind mit dem Seenotruf **Mayday** aufgewachsen. Jährlich werden rund 100 bis 150 Menschen von der DGzRS aus Seenot gerettet, seit der Gründung im Jahr 1865 sind es sogar mehr als 75 000 Menschen! Die Seenotretter selbst sehen sich nicht als Helden, sondern als Helfer, die ihr Leben in den Dienst der Allgemeinheit stellen. Sie fahren auf die See hinaus, wenn alle anderen Schiffe wegen gefährlicher Unwetter den sicheren Hafen aufsuchen. Ihr Motto lautet daher: „Rausfahren, wenn andere reinkommen."

Ein Frachter bricht nach einem Sturm auseinander und sinkt.

Thema   Das Notrufsignal Mayday

„*Mayday*" *ist das international übliche Notrufsignal im Sprechfunkverkehr. Das Wort geht auf den französischen Notruf „M'aidez!" („Helfen Sie mir!") zurück. Engländer haben diesen schon im 19. Jahrhundert gebräuchlichen Notruf aufgrund ihrer Aussprache in „Mayday" abgewandelt. Das 1909 eingeführte Morsenotrufsignal SOS wurde 1999 endgültig abgeschafft, da es faktisch keine Morsefunkgeräte an Bord von Schiffen mehr gibt.*

Feuer! Feuer!

Es gibt zahlreiche Berufe, deren Aufgabe darin besteht, andere Menschen unter Einsatz des eigenen Lebens zu retten. Zu ihnen zählen auch die Frauen und Männer der Feuerwehr. Auch sie kennen die Gefahren und üben ihren Beruf aus Überzeugung aus. Selbstlos betreten sie brennende Häuser, um nach Verletzten zu suchen, die sich nicht aus eigener Kraft befreien können. Auch bei Überschwemmungen, Giftgasalarm oder Umweltkatastrophen sind die Feuerwehrleute als Erste an Ort und Stelle. Jede Minute müssen Tausende Feuerwehrleute auf der ganzen Welt mit einem lebensgefährlichen Einsatz rechnen.

Den größten Feueralarm unserer Zeit erreicht die Feuerwehr von New York am Morgen des 11. Septembers 2001. Terroristen haben zwei Passagierflugzeuge entführt und in die beiden Türme des World Trade Center gelenkt. Die

Arbeit in ständiger Lebensgefahr: Feuerwehrmänner nach ihrem Einsatz am 11.9.2001 in New York

Vom World Trade Center blieben nur noch Trümmer.

oberen der insgesamt 110 Stockwerke gehen sofort in Flammen auf. Nur wenige Minuten nach den Einschlägen der Flugzeuge treffen die ersten Trupps ein. Schnell ist klar, was zu tun ist. 18 000 Menschen arbeiten um diese Zeit in den beiden Türmen, sie müssen so schnell wie möglich evakuiert werden. Verletzte sind zu versorgen und die Treppen hinunterzutragen, denn die Aufzüge sind ausgefallen. Hunderte Feuerwehrleute sprinten die Treppen der über 400 Meter hohen Türme hinauf, um in die oberen Geschosse zu gelangen, wo die schweren Feuer wüten. Keuchend kämpfen sie sich durch die sich mit Rauch füllenden Treppenhäuser und lenken die Menschen nach unten. Tausende fliehen aus den Türmen, während die Feuerwehrleute sich weiter nach oben vorarbeiten, um sich den Brandherden zu nähern. Haben sie vielleicht noch eine Chance, die Feuer zu löschen? Diese Hoffnung währt nur kurz. Ohne Vorwarnung stürzt zuerst der Südturm und eine halbe Stunde später der Nordturm ein. Dabei sterben mehr als

2700 Menschen, 343 von ihnen sind Feuerwehrleute. Doch mehr als 15 000 Menschen konnten noch rechtzeitig in Sicherheit gebracht werden. Viele von ihnen hätten ohne die Feuerwehrleute nicht überlebt. Über 14 500 Feuerwehrleute sind bei dieser Katastrophe im Einsatz.

Für die Geretteten sind sie Helden, auch wenn dieser Einsatz zu den Aufgaben ihres Berufs gehört.

Retter mit empfindlicher Schnauze

Wenn nach Explosionen oder Erdbeben Häuser eingestürzt und Menschen unter den Trümmern begraben sind, kommen Rettungshundeführer zum Einsatz. Sie arbeiten meist für das **Technische Hilfswerk** oder das Rote Kreuz. Mitten in der Nacht kann der Anruf kommen, und sofort packt der Hundeführer seine Reisetasche und leint seinen Hund an. Häufig werden Rettungshunde zu Einsätzen ins Ausland gerufen, etwa in die Türkei, nach Iran oder Indien. Mit Sondermaschinen werden sie ins Einsatzgebiet geflogen. Gleich nach der Ankunft führen die Retter ihre Hunde zu den Trümmern der Häuser, unter denen verschüttete Opfer vermutet werden. Vielleicht hat sich jemand in einen Hohlraum retten können und lebt noch? Die Hunde sind darauf trainiert, die Witterung von Menschen aufzuspüren, selbst unter Bergen von Schutt. Eine schwierige Aufgabe für die Tiere. Doch sie machen ihre Arbeit nicht allein. Auch der Rettungshundeführer riskiert bei seiner Arbeit sein Leben. Der Hundeführer gibt ihnen die Befehle und muss mit in die Trümmer, die jederzeit über ihnen zusammenstürzen können. Bei Erdbeben besteht darüber hinaus immer die Gefahr von Nachbeben. Hat der Hund eine Spur aufgenommen, beginnt er zu bellen und zu scharren. Sofort machen sich die Helfer an die Arbeit, die oft meterhohen Trümmer wegzuschaffen, um den Verschütteten freizulegen. Der erfolgreiche Hund bekommt eine Belohnung und wird zum nächsten eingestürzten Haus geführt. Rettungshunde sind nicht nur nach Erdbeben, sondern auch nach Lawinenunglücken im Einsatz, wo sie die menschliche Witterung unter meterdicken Schneemassen aufnehmen müssen. Für die Hunde ist die Suche nach den Opfern eine Art Spiel, obwohl jeder Katastropheneinsatz tödlicher Ernst werden kann. Dennoch denkt der Hundeführer bei seiner Arbeit in erster Linie an die verschütteten Opfer, für die seine Hilfe die letzte Hoffnung ist.

Wissen *spezial*

Das Technische Hilfswerk

Das Technische Hilfswerk (THW) ist eine deutsche Hilfsorganisation für den Katastrophen- und Zivilschutz. Die 83 000 ehrenamtlichen Mitarbeiter leisten technische Hilfe bei Katastrophen wie Erdbeben oder Hochwasser. Dazu zählen die Bergung von Verletzten oder die Trinkwasseraufbereitung.

Helden auf einen Blick

Seit den Anfängen der Geschichte gibt es mutige Menschen, die tapfer für ihre Überzeugung kämpfen oder wagemutig ihr Leben für andere aufs Spiel setzen – sowohl in Geschichten als auch in der Wirklichkeit. Die Zeitleiste zeigt 20 Heldentaten, die die Menschen von der Antike bis heute fesseln.

Mit unvorstellbarer Kraft vollbringt Herakles zwölf Heldentaten.

Moses führt sein Volk aus Ägypten heraus.

vor etwa 3300 Jahren | **vor mehr als 3000 Jahren**

Käthe Paulus wagt Fallschirmsprünge aus einem Heißluftballon.

Der Romandetektiv Sherlock Holmes löst seinen ersten Fall.

Der Junge Tom Sawyer lehnt sich gegen die Welt der Erwachsenen auf.

Für das französische Volk fordert Georges Danton Gerechtigkeit und Freiheit.

1909 | **1886** | **1875** | **1794**

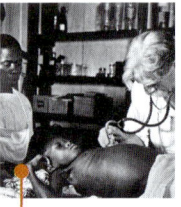

Albert Schweitzer hilft den Armen und Kranken in Afrika.

Für die Gleichberechtigung der Frauen kämpft Emmeline Pankhurst.

Superman und James Bond retten die Welt.

1914 | **1914** | **1934**

Artus wird König
von Britannien.

Siegfried besiegt den
Drachen Fafnir und
wird unverwundbar.

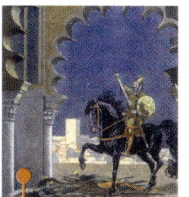

El Cid gewinnt als Toter
die letzte Schlacht.

Wilhelm Tell schießt
seinem Sohn Walter
den Apfel vom Kopf.

| um 500 | frühes Mittelalter | 1099 | 1291 |

Galileo Galilei streitet
für das heliozentrische
Weltbild.

Pocahontas kämpft für
den Frieden zwischen
Indianern und weißen
Siedlern.

Im Auftrag von Königin
Elisabeth I. kapert Francis
Drake fremde Schiffe.

| 1609 | 1607 | 1579 |

Sophie und Hans Scholl
rufen zum Widerstand
gegen die National-
sozialisten auf.

Die Farbige Rosa Parks
lehnt sich gegen die
Rassentrennung auf.

Die ersten Menschen
landen auf dem Mond.

Seenotretter und Feuer-
wehrleute setzen ihr Leben
für andere aufs Spiel.

| 1943 | 1955 | 1969 | 1992 |

Register

Im Register sind Personennamen und Sachbegriffe verzeichnet. Fett gedruckte Seitenzahlen bedeuten: Zu diesen Einträgen gibt es Lexikonboxen (Wissen spezial oder Thema).

Bildquellennachweis

picture-alliance / akg-images: 4, 5, 6, 8, 9, 16, 17, 20, 21 (oben), 25 (oben), 28/29, 32, 33, 34, 37 (oben), 40, 43, 45, 47, 48, 49 (2), 52, 55, 56, 57 (oben), 58 (2), 60 (unten, Filmszene aus „Pirat der sieben Meere", Italien 1961), 62 (Filmszene aus: „Störtebeker", Deutschland 2005), 66 (2), 70 (oben), 74, 75, 76 (unten), 77, 83, 85, 96 (Filmszene aus „Der Hund von Baskerville", Großbritannien 1958), 103 (Filmszene aus „Die Spur des Falken", USA 1941), 105, 108, 119, 121, 130, 139, 140 (unten), 141, 147, 168 (3), 169 (4)

picture-alliance / dpa: 3, 4 (2), 5, 7 (2), 10 (Filmszene aus „Hercules", USA 1997), 11, 12, 13, 15, 18, 30 (unten), 31, 36, 39 (2), 44, 70 (unten), 78 (Filmszene aus „Luther", Deutschland 2003), 79, 82 (unten), 87, 91, 92, 93, 109, 113 (2), 114 (oben), 116 (2), 118, 122, 123, 124 (unten), 131, 134 (2) (oben: Filmszene aus „Casino Royal", Großbritannien/USA 2006), 140 (oben), 142 (oben), 145, 148, 150, 151, 152, 153, 154, 155, 156, 157, 160, 162, 163 (2), 164, 165, 166, 169 (2)

picture-alliance / akg-images / Erich Lessing: 11, 21 (unten), 22 (oben), 81

picture-alliance / kpa: 6, 14 (Filmszene aus „Troja", USA/Malta/Großbritannien 2004), 25 (unten, Filmszene aus „Shrek der Dritte", USA 2007), 26 (Filmszene aus „King Arthur", USA/Irland 2003), 82 (oben, Filmszene aus „Marie Antoinette", USA 2006), 88 (Filmszene aus „The Adventures of Tom Sawyer", USA 1938), 90/91 (ders.), 138 (Filmszene aus „Sophie Scholl – Die letzten Tage", Deutschland 2005), 146 (oben), 168

picture-alliance / akg-images / Cameraphoto: 19

picture-alliance / akg-images / Joseph Martin: 22/23

picture-alliance / LOU AVERS: 4, 24, 169

picture-alliance / akg-images / British Library: 30 (oben)

picture-alliance / maxppp: 5 (2), 6, 44, 54, 57 (unten), 64, 65, 80, 84, 89, 97, 102, 110, 111, 120, 126/127, 129, 156 (oben), 168 (2), 169

picture-alliance / maxppp © Costa / Leemage: 27, 100 (unten), 124 (oben)

picture-alliance / KPA Honorar und Belege: 28 (oben, Filmszene aus „Der 1. Ritter", USA 1995), 37 (unten, Filmszene aus „Asterix, der Gallier", Frankreich/Belgien 1967), 61 (Filmszene aus „Die Abrafaxe. Unter schwarzer Flagge" Deutschland/Südkorea 2001), 67 (Filmszene aus „Pocahontas", USA 1995), 100/101 (Filmszene aus „Vier Frauen und ein Mord", Deutschland 1964), 135 (Filmszene aus „Der Morgen stirbt nie", Großbritannien/USA 1997), 136 (Filmszene aus „Die weiße Rose", Deutschland 1982), 143 (Filmszene aus „Schindlers Liste", USA 1993), 169

picture-alliance / akg-images / Robert O'Dea: 29

picture-alliance / dpa/dpaweb: 35 (Filmszene aus „Der Ring der Nibelungen", USA/Deutschland/Italien/Großbritannien 2004; © Tandem Productions / VIP Media Funds), 38, 51, 62, 115, 127, 128 (Filmszene aus „Superman", USA 1978), 140/141, 166/167, 168

picture-alliance / Helga Lade Fotoagentur GmbH, Ge © Welsh / Helga Lade: 41

picture-alliance / Bildagentur Huber: 42, 50 (oben), 52

picture-alliance / Burkhard Juettner / vintage.de: 46

picture-alliance / ZB: 50 (unten), 73, 94, 95 (unten), 101 (oben), 133 (2), 161

picture alliance / united archives: 53, 86, 146 (unten), 158/159

picture-alliance / newscom / Picture History: 55

picture-alliance / KPA/TopFoto: 7, 59, 126, 144, 148/149, 169

picture-alliance / scanpix: 60 (oben)

picture-alliance / IMAGNO / Austrian Archives: 68, 168

picture-alliance / Picture-Alliance: 68/69:

picture-alliance / akg-images / Alfons Rath: 71

picture-alliance / © akg-images / Johann Brandstetter: 72, 169

picture-alliance / Newscom: 90

picture-alliance / KPA Copyright: 95 (oben, Filmszene aus „Emil und die Detektive", Deutschland 2001)

picture alliance / empics: 99 (Szene aus der BBC-Serie „The Red-Headed League", Großbritannien 1965), 125

picture-alliance / IMAGNO/Austrian Archives (S): 104, 107

picture-alliance / OKAPIA KG, Germany © John W. Warden: 6, 106/107

picture-alliance / epd: 112, 168

picture-alliance / KPA/Cabanis, Kristian: 114 (unten)

picture-alliance / akg-images / Cameraphoto: 117

picture-alliance / Photoshot: 7, 132

picture alliance / HB Verlag: 142 (unten)

picture-alliance / united-archives / mcphoto: 149

Umschlagabbildungen picture-alliance / akg-images: Otto Lilienthal bei Flugübungen, picture-alliance / dpa: Nelson Mandela, Frau mit Gandhi-Foto, ullsteinbild – Lombard: Siegfried, picture-alliance / LOU AVERS: Arthus-Szene, picture alliance / landov: Martin Luther King, picture-alliance / maxppp: Pocahontas, picture-alliance / dpa: Herkules (Filmszene aus „Hercules", USA 1997), picture-alliance / akg-images: El Cid, picture-alliance / OKAPIA KG, Germany © Dorit Bremermann: Mondlandung (Zentralmotiv)

LIVE DABEI

Gewaltige Naturkatastrophen
Erdbeben, Tornados, Sturmfluten, Tsunamis,
Dürren, Vulkanausbrüche

*Indonesien, 1883: Gewaltige Rauchwolken schlängen sich über dem
Krakatau in Richtung Himmel, die Menschen auf den umliegenden Inseln
fliehen und versuchen, sich in Sicherheit zu bringen. Nur weg, bevor
der Vulkan explodiert! Noch ahnen sie nicht, dass dieser Ausbruch
einer der schlimmsten sein wird, die es jemals gab ...*

Dieser Band beschreibt 20 große Naturkatastrophen
von Vulkanausbrüchen bis Erdbeben, von Überflutungen
bis zum Wirbelsturm.

Text von Imke Rosebrock
Mit mehr als 300 Fotos
Gebunden, 176 Seiten

Ab 11 Jahren
ISBN 978-3-407-75347-2

Beltz & Gelberg

Die Welt des Mittelalters
20 faszinierende Ereignisse vom Ritterfest bis zum Klosterbau

„Steige herab vom Thron!', verlangt Heinrich IV. 1076 vom Papst. Doch Gregor VII. weist den König in seine Schranken und belegt ihn mit dem Kirchenbann. Damit ist dieser gezwungen, den Papst bei Schnee und Eis auf der Burg Canossa aufzusuchen und um Vergebung zu bitten. Kein leichter Schritt für Heinrich ...

Dieser Band stellt 20 spannende Ereignisse des Mittelalters vor: vom Gang nach Canossa bis zur Goldenen Bulle.

Text von Mira Hofmann
Mit mehr als 300 Fotos
Gebunden, 176 Seiten

Ab 11 Jahren
ISBN 978-3-407-75344-1

Geheime Codes und verschollene Schätze
20 (un)gelöste Rätsel der Menschheit

1890 auf der Kokosinsel: Bei brütender Hitze arbeiten sich die Schatzsucher durch den Sand. Sie sind Piratengold auf der Spur. Einst erbeutet auf wilden Kapernfahrten, soll es hier vergraben sein. Da trifft die Schaufel plötzlich auf etwas Hartes ...

Dieser Band lüftet 20 Rätsel und Geheimnisse der Menschheit: Von der Begegnung mit „Nessie" bis zu Abenteuern im Bermudadreieck

Text von Bernd Flessner
Mit mehr als 300 Fotos
Gebunden, 176 Seiten

Ab 11 Jahren
ISBN 978-3-407-75345-8

Abenteuer Weltgeschichte
20 entscheidende Ereignisse von der Steinzeit bis heute

An Bord der Santa Maria, im Jahr 1492: Die meuternde Mannschaft droht der großen Reise des Christoph Kolumbus ein Ende zu setzen. Sein Schiff ist auf dem Weg nach Amerika – auf dem Weg in eine neue Welt …

Dieser Band stellt große historische Ereignisse vor und erläutert ihre Auswirkungen auf das Leben der Menschen und für die Geschichte – von der Steinzeit bis heute.

ISBN 978-3-407-75328-1

Ruhmreiche Gladiatoren und mächtige Herrscher
20 sensationelle Ereignisse der antiken Welt

Die Männer, die sich 1184 v. Chr. auf der Peloponnes versammeln, werden von Agamemnon auf den bevorstehenden Angriff eingestimmt: „Nieder mit Troja!" Eine List soll den erhofften Sieg bringen …

Dieser Band stellt 20 wegweisende Ereignisse der Antike vor: von der ersten europäischen Hochkultur auf Kreta bis zum Niedergang des Weströmischen Reichs.

ISBN 978-3-407-75341-0

Kühne Abenteurer und furchtlose Entdecker
20 spektakuläre Expeditionen rund um den Globus

1960 im Pazifischen Ozean: Meter für Meter steigt Jacques Piccard in seinem Tauchschiff hinab. Sein Ziel ist der Grund des Marianengrabens in knapp 11.000 Metern Tiefe. Wird sein kühner Plan gelingen?

Dieser Band stellt 20 Expeditionen wagemutiger Forscher und Abenteurer vor: von der Entdeckung Amerikas bis zur Reise ins All.

ISBN 978-3-407-75342-7

Geniale Denker und clevere Tüftler
20 bahnbrechende Erfindungen der Menschheit

Schottland, im Jahr 1768: Endlich hat James Watt einen Geldgeber von seiner Idee überzeugt und kann seine Dampfmaschine bauen – diese Erfindung wird die Welt verändern. Sie ist nicht die Einzige …

Dieser Band stellt die genialsten Erfindungen der Menschheit vor: vom Feuer bis zur Raumfahrt.

ISBN 978-3-407-75329-8

Beltz & Gelberg

Bibliografische Information der Deutschen Nationalbibliothek.
Die Deutsche Nationalbibliothek verzeichnet diese Publikation in der
Deutschen Nationalbibliografie; detaillierte bibliografische Daten
sind im Internet über http://dnb.ddb.de abrufbar.

Lektorat: Dr. Christine Schlitt
Bildredaktion: Angelika Sust
Text: Bernd Flessner
Herstellerische Leitung: Myriam Frericks
Layout und Satz: Petra Bachmann, Weinheim
Gesamtherstellung: Druck Partner Rübelmann, Hemsbach
Printed in Germany
ISBN 978-3-407-81063-2